Job?

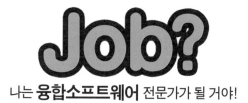

나는 **융합소프트웨어** 전문가가 될 거야!

Job?

나는 융합소프트웨어 전문가가 될 거야!

Special
10

동방광석 글·그림 | 문형남 감수

차례

직업 탐험
워크북 나는 **융합소프트웨어** 전문가가 될 거야!

등장인물

차우빈

13세 남자아이로 바둑신동이다. 이세돌 선수가 AI와의 대결에 패하며 은퇴를 하자 AI를 비롯해 컴퓨터와 관련된 모든 것을 지구상에서 없어져야 할 대상이라 생각한다. 그런데 융합소프트웨어 덕분에 잃어버린 할머니를 찾고, 수정이 아빠가 다시 걷게 되는 것을 보고 자신의 생각이 잘못되었음을 깨닫는다.

오수정

우빈이와 같은 반 친구인 13세 여자아이다. 화재 현장에서 구조 활동을 하던 중 다쳐서 하반신 마비가 된 아빠를 간호하느라 웃음이 사라진지 오래다. 박소장의 BCI 기술로 기적처럼 다시 걷게 된 아빠를 보면서 융합소프트웨어에 관심을 갖고 공부하게 된다.

할머니

자칭 바둑 100단으로, 우빈이가 3살 때부터 바둑을 두며 놀아주었다. 치매로 요양원에서 치료 중인데 우빈이가 온다는 소식을 듣고 마중을 나갔다가 길을 잃어 요양원에 한바탕 소동이 일어난다.

박웅진 소장

바둑이 취미지만 5년간 바둑 친구 우빈이와의 대결에서 250패 3승으로 실력은 좋지 않다. 뇌-컴퓨터 인터페이스(BCI) 전문가로 BCI를 활용하여 바둑인들에게 특별한 뇌파의 성향이 있음을 연구하고 있다.

박태리

박소장의 아들로 국가융합연구소에서 일하는 아이트래킹 프로그래머다. 별명은 밧데리로 우빈이가 인공지능에 대한 거부감을 없애고 융합소프트웨어와 인공지능에 관심을 갖도록 도와준다.

장박사

박소장의 친구이자 감성인식기술 전문가다. 생각하는 대로 움직이는 휠체어를 타고 다닌다.

제노

인공지능 휴머노이드 로봇이다. 사람 얼굴의 미세한 변화를 감지하여 감정을 읽어 내고, 축적된 빅데이터를 분석하여 그 사람의 다음 행동까지 예측하는 미래형 로봇이다.

꿈을 찾아가는
꿈나무를 위한 길잡이

허영만 화백이 그린 만화 《식객》이 한국 음식 문화의 품격과 철학의 깊이를 더한 '음식 문화서'라고 한다면, 《job?》 시리즈는 '바라고 꿈꾸는 것을 이루기 위해 줄기차게 노력하면 반드시 꿈은 이루어진다'는 교육 철학을 담은 직업 관련 학습 만화입니다. 어린이와 청소년들이 만화를 통해 각 분야의 직업을 이해하고, 스스로 장래 희망을 설정하는 데 도움을 주는 진로 교육서이기도 합니다.

꿈과 희망은 사람을 움직이는 가장 강력한 에너지입니다. 꿈과 희망이 있는 사람은 밝고 활기찹니다. 그리고 호기심과 열정이 가득해서 지루할 틈이 없이 부지런합니다. 특히 어린이와 청소년들에게 꿈과 희망은 삶을 긍정적으로 바라보게 하는 가장 강력한 버팀목 역할을 합니다.

어른이 되어 이루는 성공과 성취는 어린 시절부터 바랐던 꿈과 희망이 이뤄 낸 결과입니다. 링컨과 케네디, 빌 게이츠와 오바마, 이들은 어린 시절에 꾸었던 꿈과 희망을 실현하기 위해 노력한 사람들입니다. 삼성을 일류 기업으로 이끈 고(故) 이병철 회장이나 우리나라 경제 발전에 초석을 다진 현대그룹의 고(故) 정주영 회장도 어린 시절의 꿈을 실현한 대표적인 사람입니다. 꿈과 희망 안에는 미래를 변하게 하는 놀라운 능력이 숨어 있습니다. 꿈과 희망을 품고 노력하면 바라던 것이 이루어집니다.

어린이와 청소년들이 스스로 미래를 준비할 수 있도록 도움을 주고자 기획한《job?》시리즈는 우리 사회 각 분야의 직업을 다루고 있습니다. 어떤 분야의 직업을 갖고 사는 것이 좋으며 가치 있을지를 만화 형식을 빌려서 설명하여 이해뿐 아니라 재미까지 더하였습니다.

그동안 직업을 소개하는 책은 많았지만, 어린이 눈높이에 맞춘 직업 관련 안내서는 드물었습니다. 이 책의 차별성은 바로 여기에 있습니다. 단순히 각각의 직업이 무슨 일을 하는지를 소개하는 데 그치지 않고 사회적 측면에서 바라본 직업의 존재 이유와 작용 원리를 적절한 용어를 사용하여 어린 독자들의 이해를 돕습니다. 자칫 딱딱할 수 있는 직업 이야기를 맛깔스러운 대화와 재미있는 전개로 설명하여 효과적인 진로 안내서 역할도 합니다.

이 책이 어린이와 청소년들에게 세상의 여러 직업을 깊이 이해하고 자신의 미래를 여는 데 도움을 줄 것이라 기대합니다. 아울러 장차 세계를 이끌 주인공이 될 어린이와 청소년들이 직업과 관련해서 멋진 꿈과 희망을 얻길 바랍니다.

문용린(서울대학교 교육학과 명예교수)

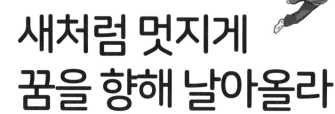

새처럼 멋지게
꿈을 향해 날아올라

자유롭게 하늘을 나는 새를 보면 어떤 생각이 드나요? 멋있어 보이고 부러운가요? 그런데 처음부터 하늘을 나는 새는 없습니다. 스스로 알을 깨고 나와 수없는 날개짓을 연습하고, 급기야 목숨을 걸고 둥지에서 뛰어내리는 엄청난 모험에 도전해야 하늘을 날 수 있는 것입니다.

인류의 역사도 언제나 도전과 변화의 연속이었습니다. 4차 산업 혁명 시대를 맞이하여 우리 사회는 빠르게 변화하고 있습니다. 머지않아 사람처럼 자유로운 사고가 가능한 로봇이 우리의 친구가 될 거라고 합니다. 그때 여러분은 어떤 모습을 하고 있을까요? 우리는 그런 시대를 맞이 하기 위해서 지금 무엇을 어떻게 준비해야 할까요?

변화의 시대를 준비하는 우리나라도 대통령 직속 4차 산업 혁명 위원회를 결성하여 모든 국민이 디지털 대전환의 혜택을 생활화하도록 "전 국민에게 AI(인공지능)와 SW(소프트웨어) 교육을 확산시키겠다"고 공언했습니다.

우리 사회 생활과 산업의 모든 분야에서 융합소프트웨어 기술 수요가 높아짐에 따라 융합소프트웨어 전문가 양성을 위해 국가가 체계적인 시스템 교육을 하겠다고 발표한 것입니다. 전 국민 AI·SW교육 확산을 위한 방안을 마련하고 초등학교부터 대학원까지 체계적인 직업별 맞춤형 AI·SW교육을 제공할 계획이라고 합니다.

앞으로 융합소프트웨어의 발전은 무궁무진할 것입니다. 융합소프트웨어가 어렵게만 느껴지나요? 그렇다면《job? 나는 융합소프트웨어 전문가가 될 거야!》를 읽어 보세요. 융합소프트웨어 전문가에 대해 쉽고 재미있게 익힐 수 있을 뿐만 아니라 새처럼 멋지게 꿈을 향해 날아오르는 주인공이 될 수 있도록 안내해 줄 것입니다.

글쓴이 **동방광석**

컴퓨터가 싫어!

우빈의 집

크하하하! 고작 그런 바둑 실력으론 인공지능을 결코 이길 수 없다!

바둑 천재 이세돌 9단도 인공지능(AI) 알파고에 패하고, 결국 은퇴까지 했는데!

감히 너같은 꼬마가 AI를 상대하겠다고?!! 넌 날 절대 이길 수 없어!

바둑은 우리 인간의 고유 영역이야!

너같이 아무 감정도 없는 컴퓨터에 지진 않아!

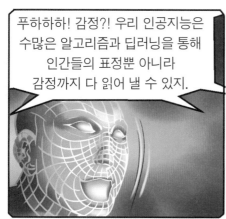

푸하하하! 감정?! 우리 인공지능은
수많은 알고리즘과 딥러닝을 통해
인간들의 표정뿐 아니라
감정까지 다 읽어 낼 수 있지.

어디 네 속마음을
읽어볼까?
무슨 생각을 하는지
말이다!

으으윽!

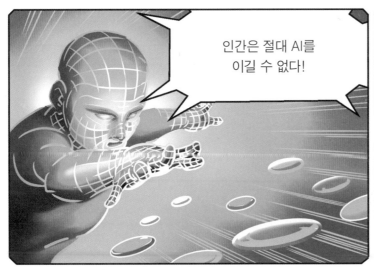

인간은 절대 AI를
이길 수 없다!

아…
안 돼!!!

우빈이 이 녀석 일요일이라고 아주 마음 놓고 자나보군.

그러게요.

우빈아, 아침…!!

왜 그래, 우빈아. 어디 아프니?

아뇨… 이상한 꿈을 꾼 것 같아요.

아휴~ 대체 무슨 꿈을 꿨길래 이렇게 땀을 흘렸어?

괘…
괜찮아요.

화장실
좀…

자식, 키 크려고
그러나?

우빈아, 오늘 날씨도
좋은데 아빠 엄마랑
놀이공원이라도 갈까?
엄마가 맛있는
김밥 싸서…

그럼 아빠랑
목욕탕 갈래?

그냥 집에
있을래요.

이세돌 선수가 AI에게
패하고 은퇴한 후부터
영 다른 데 재미를
못 붙이는 거 같네.

우빈이 기분
전환 좀 시켜
줘야겠어요.

날씨 한번 조~오타!
하이 쏭~! 기분 좋아지는
음악 틀어줘.

잔잔한꽃게 날거야
나는 아름다운
나비
오우~ 워우워워워

실내 공기도 신선하게
바꿔야지, 공기 정화
시작해 줘.

위이이잉

참 편리한
세상이야, AI가
척척 다 해주네.

AI(Artificial Intelligence)

AI(인공지능)란 인간과 같이 생각하
고 학습하고 판단하는 논리적인 방
식을 사용하는 인간의 지능을 본딴
컴퓨터 프로그램입니다.

다음 날

야! 차우빈! 차우빈! 같이 가자니까!

자식, 귀가 먹었나?

야! 너 바둑 학원 그만 뒀다면서? 그거 정말이야?

갑자기 왜 그만둔 거야?

신경 꺼. 너 같은 컴맹은 말해줘도 이해 못 해.

내가 왜 컴맹이냐? 컴퓨터 박사지.

컴퓨터밖에 모르는 컴퓨터를 맹신하는 컴맹.

뭐라구? 너야말로 지금이 무슨 석기시대냐? 바둑돌만 갖고 놀게? 바둑돌만 아는 돌맹이 놈.

뭐라고! 이 컴맹이!

왜? 내가 틀린 말했냐?

수정아, 안녕?

응, 안녕.

얏호!
점심시간이다!

차우빈,
여기 앉아.

난 컴맹하고는 같이 밥
안 먹어!

자식, 쫌생이처럼. 그 꽉막힌
사고방식으로 바둑은 어떻게 됐냐?
AI에 대해 잘 알지도 못하면서…
그러니까 AI한테 지는 거야.

그 놈의 AI! AI! AI! 온통 AI!
인간의 꿈을 빼앗는
기계 따위가
뭐가 그렇게 좋냐?!

그게 왜 꿈을 빼앗는 거냐?
꿈을 더 넓게,
크게 키우는 거지.
이 돌맹아.
네가 컴퓨팅 사고를 알아?
알 리가 없겠지!

꿈을 키워?!
컴퓨터 때문에
얼마나 많은 사람이
피해를
보는 줄 알아?!

이런 컴퓨터
피해망상자
같으니라구!

우리 반에 이상한 애들이 셋 있다.
바둑 밖에 모르는 애,
컴퓨터 밖에 모르는 애,
그리고 이런 상황에도 신경쓰지 않고
먹기만 하는 오수정.

방과 후

4차 산업 혁명 시대!
AI가 우리의 삶을
바꾼다!

인간은 절대
AI를 이길 수 없다!

참 편리한 세상이야,
AI가 척척 다 해주네.

AI는 꿈을
더 넓게, 크게
키우는 거야!

쳇! 여기나 저기나
온통 AI군.

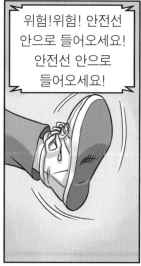

위험!위험! 안전선
안으로 들어오세요!
안전선 안으로
들어오세요!

깜짝이야!

어디서 나는
소리지?

신호등 센서

'스몸비족'(스마트폰+좀비의 줄임말로, 앞을 보지 않고 스마트폰 사용에만 열중하며 걷는 사람을 가리키는 말)이 늘어나 보행자 사고가 급증하고 있습니다. 이런 사고를 방지하기 위해 바닥에 센서를 설치하여 보행자가 횡단보도 밖으로 나올 경우 또는 신호를 기다리는 동안 안전선을 넘을 경우 반복적으로 경고합니다.

더 나아가 미래에는 도로 위의 신호등이 없어지고 보이지 않는 '가상 신호등(VTL)'이 생길 것입니다. 신호등 없이도 교통을 원활하게 통제할 수 있는 시스템을 개발하고 있습니다. 카네기멜론대학 오잔 통구즈(Ozan K. Tonguz) 교수 연구팀은 지난 수년 동안 'VTL(Virtual Traffic Lights)'이라는 이름의 미래 교통 시스템을 개발 중에 있답니다.

병원에 계신 아빠한테 가는 거야?

응, 너도…?

너 박소장님하고 오래전부터 바둑 친구라면서?

응.

벌써 5년 째야.

근데 너희 아빠는 아직 차도가 없으셔?

오늘이 마지막 대국이라… 이거 서운해서 어쩌나.

이제 우빈이와 바둑을 둘 수 없다니.

지난 5년 동안 바둑 친구 덕에 즐거웠는데… 우빈 친구, 그러지 말고 한 달에 한 번만이라도 나하고 바둑 두면 안 될까?

이젠 바둑 두는 게 재미없어졌어요.

소장님도 컴퓨터 바둑 두시면 되잖아요. 요즘엔 다들 컴퓨터 바둑 좋아하던데….

에이, 컴퓨터랑 바둑 두는 건 왠지 인간미가 없어서, 정이 안 가.

좋아. 그럼 이렇게 하면 어떨까? 나와 내기를 해서 내가 이기면 바둑 한 판 더 두는 걸로.

내기요?

무슨 내기요?

네 친구 오수정!
수정이를 두고 내기를
하자! 어때?

수… 수정이요?

네가 전에 말했잖아.
우리 병원에 입원해 계신
아빠 때문인지 수정이가
웃지 않는다고.

박웅진 소장

맞아요.
4학년 때부터 친구였는데,
그때부터 지금까지 한 번도
웃는 모습을 못 봤어요.

그러니까
수정이의 웃는 모습을
볼 수 있을지를 두고
내기하는 거다. 알았지?

왜? 수정이
웃는 모습
안 보고 싶어?

아… 아뇨.
그… 그게
아니고…

좋아요! 해요!

소장님이 여기서 잠시 기다리라고 하셨어.

네, 알겠습니다.

하… 한 수만 물리자. 한 수만.

그러지 말고 딱 한 수만….

아… 안 돼요.

소장님, 준비 다 됐습니다.

알았어요, 바로 가죠.

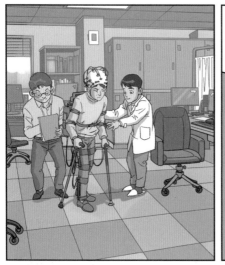

여기는 BCI 기술 치료실이야. 바로 내가 연구한 기술들을 통해 환자를 치료하는 곳이지.

우와~

그런데 BCI 기술? 그게 뭐예요?

BCI 기술이란, 사람의 뇌파를 이용해 컴퓨터를 사용할 수 있는 인터페이스를 말해. 사람이 생각하고 결정한 특정 뇌파를 시스템의 센서로 전달하면 컴퓨터에서 해당 명령을 실행하게 되는 거야.

그게 어떻게 가능하죠? 그럼 초능력을 발휘한다는 건가요?

하하하, 그래. 초능력과 비슷하지.

사람의 뇌와 컴퓨터는 같은 구조의 언어를 사용하고 있어. 시냅스와 뉴런이 뇌 기능을 수행하는 과정은 컴퓨터의 연산처리 기능과 유사하다고 볼 수 있어.

인터페이스(Interface)

사물의 경계가 되는 부분과 그 경계에서의 통신 및 접속이 가능하도록 하는 매개체.

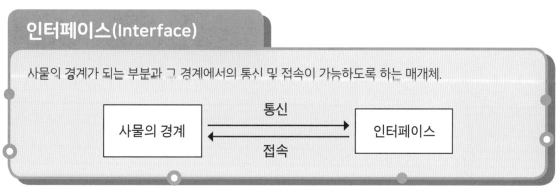

사람이 어떤 행동을 하기 위해서는 뇌에서 행동 지시를 하는데, 그때 특정한 뇌파가 발생해. 그 뇌파를 시스템 센서로 전달해 컴퓨터에서 움직이라는 명령을 실행하면 신체를 못 움직이던 사람도 움직일 수 있게 된단다.

1. 보행동작 상상 → 2. 뇌파 신호처리

움직여!

3. 로봇 제어신호

5. 보행 실행

4. 동작 제어신호

움직여!

수정이 아빠는 2년 전 사고로 다리가 마비돼 걸을 수 없었지만, 오늘 BCI 기술로 다시 걷게 될 거야.

저… 정말요?

자, 천천히 움직여 보세요.

집중해야 해요. 머릿속으로 걸어야 한다고 생각하면서 집중하세요!

뇌-컴퓨터 인터페이스(BCI)

키보드 마우스가 아닌 뇌파로 컴퓨터를 조작하는 방법은 장애 등으로 신체를 움직이지 못하는 사람에게 유용하게 활용될 수 있습니다. 가장 최근에는 사용자가 뇌파로 조작할 수 있는 CD 플레이어가 개발되어 상용화된 사례도 있습니다.
이 밖에도 눈으로 모니터나 액정의 특정 부분에 집중해 운용체계에서 마우스 커서를 작동시키는 홍채-컴퓨터 인터페이스도 연구 개발 중입니다.
컴퓨터가 점점 일상생활 속 매체가 되면서 인간이 쉽게 사용할 수 있는 인터페이스가 개발되고 있답니다.

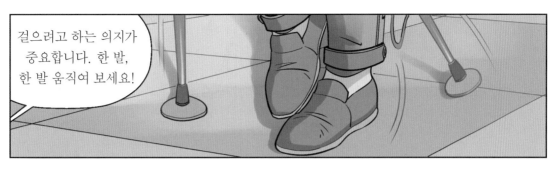

걸으려고 하는 의지가 중요합니다. 한 발, 한 발 움직여 보세요!

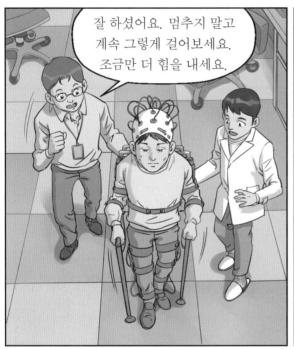

잘 하셨어요. 멈추지 말고 계속 그렇게 걸어보세요. 조금만 더 힘을 내세요.

저… 정말 걷고 있어!

불과 몇 년 전까지는 상상도 못할 일이었지만, BCI 기술로 이제는 현실이 되었지.

문 앞 끝까지 걸어보세요.

네, 소장님.

걸어야 돼…!!

스르르

수정아!

아… 아빠!

난 믿고 있었어요.
아빠가 다시 걸을 수
있을 거라고….

수정이가
웃고 있어.

내기는 당연히
나의 완승이군!

바둑 친구. 이세돌 9단이 왜 AI에 패한 줄 알아?

…?

AI를 모르면 AI를 이길 수 없어.

바둑은 이기려고 두는 것이 아니듯, AI도 이기고 지는 싸움의 대상이 아닌 우리의 삶을 보다 더 편리하게 해주는 4차 산업 혁명 시대에 반드시 필요한 기술이란 것을 알아야 해.

오늘 수정이를 웃게 만든 건 내가 아니라 바로 BCI 기술이야.

난 BCI 기술이 앞으로 더 많은 사람을 웃게 만들어 줄 거라 믿어.

BCI….

다시 걸을 수 있도록 도와주셔서 정말 감사합니다. 더 열심히 치료받도록 하겠습니다.

소장님, 감사합니다.

BCI 기술….

바둑은 이기려고 두는 것이 아니듯, AI도 이기고 지는 싸움 대상이 아니다!

생각하는 대로 움직이는 BCI 기술

현재 우리가 기계와 상호 작용을 하는 주요 수단은 터치입니다. 음성으로 가능한 것도 있지만 대부분은 터치인데, 이제는 이런 동작을 취하지 않고 생각만으로도 기계를 움직일 수 있습니다. 어떻게 그것이 가능한지 알아볼까요?

BCI(Brain-Computer Interface)란 사람의 두뇌와 컴퓨터를 연결하는 '뇌-컴퓨터 인터페이스'입니다. BCI는 음성, 마우스, 키보드 같은 입력 장치를 필요로 하지 않아요. 뇌파로 컴퓨터를 조작하기 때문이지요. 뇌로 의사결정을 하면 언어나 신체 동작을 거치지 않아도, 사용자가 생각하고 결정한 특정 뇌파를 시스템의 센서로 전달하여 컴퓨터에서 해당 명령을 실행하게 되는 것이지요.

뇌파의 측정 부위에 따라 침습형과 비침습형으로 분류돼요. 침습형은 마이크로칩을 두피에 시술해 뇌파를 측정하는 방식이고, 비침습형은 헬멧이나 헤드셋 장비를 이용하여 뇌파를 측정하는 방식이에요.

미국의 다국적 기업인 IBM은 '5년 안에 우리 삶의 방식을 바꿀 다섯 가지 기술' 가운데 첫 번째가 BCI라고 말했어요. 특히 BCI 연구가 가장 활발한 분야는 의료와 재활이에요.

전신이 마비된 환자도 BCI 기술을 활용하면 전동 휠체어를 운전할 수 있고, 로봇 팔을 움직여 음식을 먹고, 로봇 다리로 걸을 수도 있게 된답니다. 또한 BCI 장치를 통해 로봇을 조종할 때, 로봇이 느끼는 촉감을 환자도 똑같이 느낌으로써 마치 자신의 팔이나 다리를 직접 움직이는 것처럼 느낄 수 있어요.

미국 플로리다 대학교에서는 생각으로 조종하는 드론 경주 대회를 열었어요. 참가자들은 손에 조종기를 드는 대신, 머리에 헤드셋처럼 생긴 검은색 장치를 쓰고 대회에 참가했어요. 머리에 쓴 기록 장치가 뇌파 신호를 읽어 노트북에 전송하고, 이를 무선 신호로 전달받은 드론이 움직이는 원리예요. BCI로 인해 위로, 아래로, 앞으로, 뒤로, 옆으로, 머릿속으로 생각하는 대로 드론을 조종할 수 있었어요.

사라진 할머니를 찾아라

다음 날

우빈아~
준비 다 했어?

할머니께서
기다리시겠다.
빨리 가자.

네, 엄마.

오늘은 당신이
운전하면 안 될까?

왜 초보인
나한테 운전을
하라고 그래요?

그래요, 아빠.
엄마가 운전하면
불안해요.

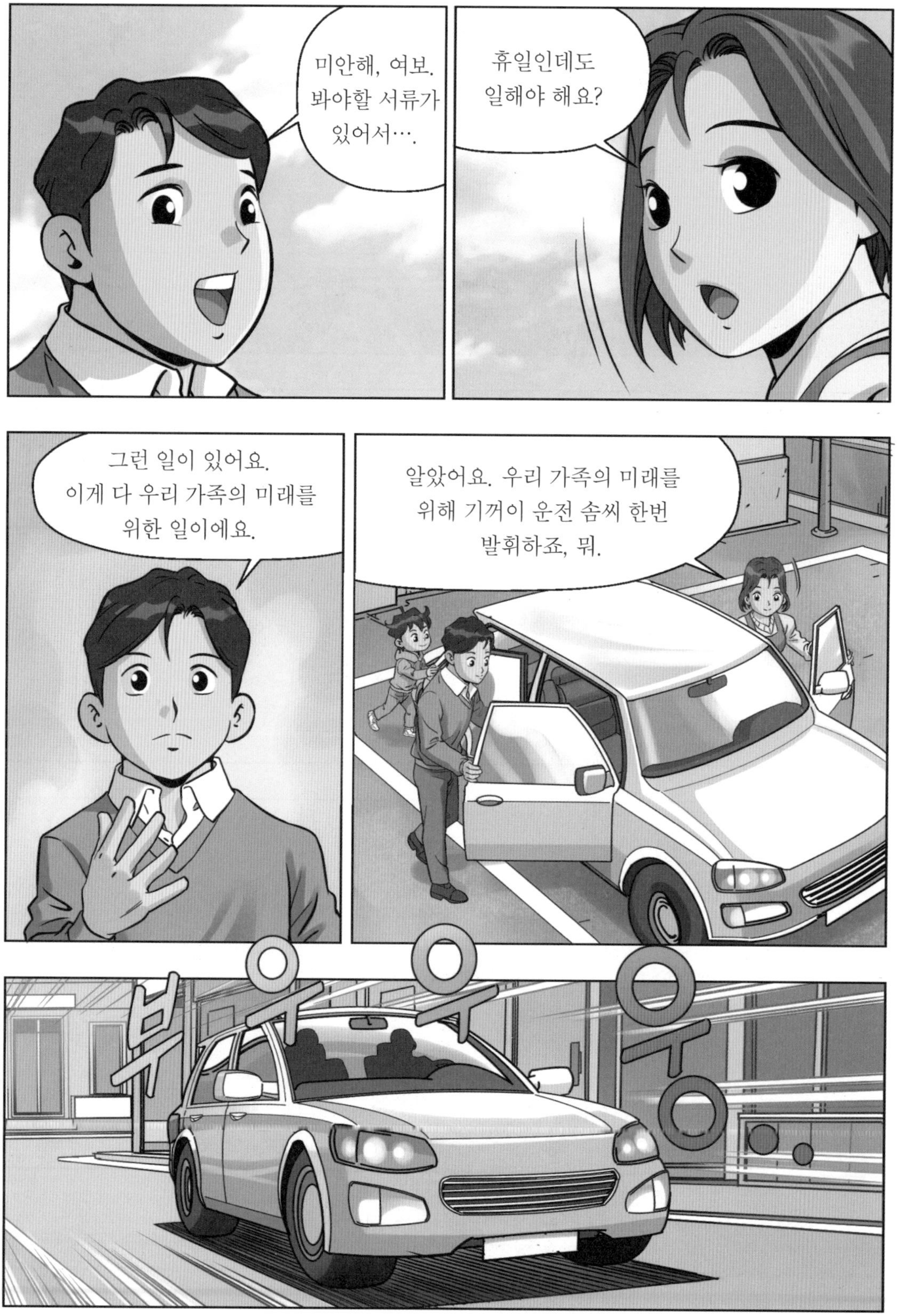
미안해, 여보.
봐야할 서류가
있어서….
휴일인데도
일해야 해요?
그런 일이 있어요.
이게 다 우리 가족의 미래를
위한 일이에요.
알았어요. 우리 가족의 미래를
위해 기꺼이 운전 솜씨 한번
발휘하죠, 뭐.
부우우웅

일요일 아침이라
도로가 한산하네.
긴장 풀고 가도
되겠군.

우빈아, 저기
좀 봐.

우빈아. 너도 3살 때부터
할머니한테 바둑 가르쳐
달라고 엄청 따라다녔어.
매일 저렇게 할머니랑
같이 있었지.

생각나요. 그땐 몰랐는데
할머니는 매번 저에게
일부러 져 주셨어요.

그랬지.

34

할머니께선 늘 "바둑은 이기려고 두는 것이 아니다" 라고 말씀하셨는데, 전 지금도 잘 모르겠어요.

우빈아. 할머니께서 그렇게 말씀하신 건 바둑을 두면서 너와 함께 하는 시간을 만들고 싶으셨던 거 아닐까?

함께하는 시간이요?

맞아, 할머니께서는 우빈이 널 행복하게 해주려고 늘 마음 쓰셨지.

할머니~ 한 판만 더, 응? 한 판만~

이겼다! 이겼다! 얏~호!

저 차 왜 저래?

어머나!

여보? 무슨 생각을
하느라 그렇게….

어… 엄마.

휴~ 미안해요.
옛날 생각을
하다가 그만….

자율주행차였으면 이런 일이 안 생겼을 텐데… 언제쯤 우빈이가 엄마한테 자율주행차를 선물로 사주려나?

조금만 기다려요. 남편인 내가 사 줄테니까.

자율주행차요? 그게 무슨 차예요?

자율주행차란 운전자가 직접 운전하지 않아도 차 스스로 운행하는 자동차란다.

아, 그럼 완전 로봇이네요.

그렇지. 바퀴 달린 인공지능 로봇이라고 해야겠지.

윽! 또 인공지능….

방금처럼 운전자가 잠시 딴 생각을 하다가 차선을 넘어가면,

아, 약속시간이 미뤄졌군.

차선이탈 경보장치가 울려 사고를 막아줘.

차선을 이탈하였습니다!

또 운전자의 눈동자나 머리 움직임을 파악하는 시선추적 시스템 즉, 아이트래킹 기술이 있어서 운전 중에 졸면 경고음을 울리기도 한단다.

계기판에 숨은 카메라는 적외선을 동공에 투영해 운전자의 모습을 실시간으로 모니터링하고,

센서가 인식한 안면 정보에서 운전자의 표정에 따라 졸음운전과 피로 누적 등을 구분하며

차량에 내장된 알림 기능과 연동돼 위험 상황에서 소리와 진동으로 경고음을 울리지.

자율주행(Self-Driving)

자율주행의 사전적 의미는 자동차나 비행기 등이 사람의 힘에 의하지 않고 자체 판단에 따라 움직이는 것입니다. 운전자의 조작이 아닌 스스로 움직인다는 점에서 자율주행 자동차는 '바퀴 달린 인공지능 로봇'이라고도 불립니다.

우와~ 우빈아, 너 얼른 커서 엄마한테 자율주행차 꼭 선물해야겠다. 자율주행차에 대해 이렇게 많이 알고 있는 걸 보니.

당신도 참, 이 정도는 기본 상식이라구요.

주차할 때도 스스로 주차하니 편하고

나!
주차의 달인

속도 조절을 해주니 과속할 염려도 없고

그럼 이제 학교 앞인데도 과속하는 차는 없겠네요.

그렇지, 앞으로는 아이들이 더 안전하게 등하교를 할 수 있게 되겠지.

그래서 자율주행 자동차가 빨리 상용화되어야 한다 이 말씀이야~

자율주행차. 아이트래킹….

네, 알겠습니다.

네? 뭐라구요?
어머니께서요??!

여보! 서둘러야겠어!
어머니가 사라지셨대!

네?

할머니가요?!

네, 연락 받고 가고 있습니다. 곧 도착합니다.

아이고~ 이뻐라. 꼭 우리 우빈이 같네.

국일 요양원

께이이익...

어떻게 된 일입니까? 어머니께서 사라지셨다니요?

30분 전까지만 해도 계셨는데, 갑자기 안 보이시네요. 하지만 어머님을 찾아 주실 전문가가 오고 있으니 너무 염려하지 마십시오.

아무 일 없어야 할 텐데….

할머니….

아시겠지만 우리 요양원에서는 모든 어르신께 웨어러블 기술을 도입하여 운영하고 있습니다.

웨어러블 디바이스 (Wearable devices)

웨어러블 디바이스는 옷처럼 입을 수 있는 기기, 안경, 시계처럼 몸에 부착하거나 착용하여 사용하는 전자장치입니다.

우빈이 할머니께서는 한 달 전부터 가끔 치매 증상을 보이셨어요. 그래서 안경에 아이트래킹 기술의 센서를 부착하였습니다.

아까 엄마가 말한 아이트래킹?

다들 와 계셨군요.

아, 마침 오는군.

아이트래킹 전문가, 박태리 소장. BCI 기술 센터 박소장님의…

네, 잘 알고 있습니다. 우빈의 바둑 친구인 박소장님의 아들. 어서 오게, 박팀장.

밧데리 형? 아… 아니 박태리 형.

너무 걱정하지 마세요. 별일 없을 겁니다.

형! 우리 할머니 빨리 찾아줘요.

그래, 우빈아. 형만 믿어.

그럼 할머니의 행방을 찾아볼까?

형, CCTV로 찾는 거예요?

아니야. 할머니가 쓰고 있는 안경,
아이트래킹 웨어러블을 통해 찾을 거야.

아이트래킹 기술은
사용자의 실제 시선을
쫓아 이를 분석하는
프로그램이거든.

그럼 할머니를
찾을 수 있어요?

그렇지. 할머니께서
착용하고 있는 시계와 안경은
일반 시계나 안경과는 달라.

시계는
생체리듬이나 신체의
이상 증상이 생기면
그 데이터를 알 수 있는
웨어러블이고, 안경은
할머니의 시선을 추적할
수 있는 아이트래킹
웨어러블이야.

웨어러블 컴퓨터(Wearable computer)

신체에 부착하여 컴퓨팅 행위를 할 수 있는 모든 것을 지칭하며 일부 컴퓨팅 기능을 수행할 수 있는 애플리케이션까지 포함하는 개념입니다. 사용자가 이동 또는 활동 중에도 자유롭게 사용할 수 있도록 신체나 의복에 착용 가능하게 개발되었습니다.
시계, 안경, 머리밴드, 안대, 목걸이, 반지, 벨트, 복대, 양말 등 거의 모든 형태의 웨어러블 컴퓨터가 존재합니다.

찾았다!

차… 찾았어요?!

그래. 일단 차고 계신 시계 웨어러블을 통한 신호 데이터로 봐서 할머니의 신변에는 아무 이상이 없어.

휴~ 다행이다.

그럼 어디에 계신지 위치를 추적해볼까?

그 아이트래킹이란 것을 말하는 거죠?

그렇지, 아이트래킹으로 할머니의 시선을 추적하여 어디 계신지 알아내는 거지.

그럼 빨리 확인해 주세요! 할머니가 어디 계신지!

아이트래킹(Eye tracking)

시각은 오감 중 가장 민감하고 반응이 빠른 기관입니다. 우리가 받아들이는 정보의 80% 이상을 취득하는 신체 기관이 바로 눈입니다. '아이트래킹'은 바로 눈, 즉 사람의 시선이 어느 곳을 향하고 있는지를 파악하는 기술입니다.

아이트래킹은 구글, 페이스북, 애플 등 글로벌 기업들이 주목하는 차세대 핵심 기술입니다. 특히 가상현실(VR), 증강현실(AR) 등 다양한 정보통신기술 기기와의 접목이 활발해지면서 아이트래킹 기술이 빠르게 확대될 전망입니다.

아이트래킹은 의료, 심리 및 뇌과학, 마케팅 소비자 연구, 시선을 연동한 차세대 게임, 운전자의 시선 정보 분석, 홍채정보 인식을 기반으로 한 금융 결제 등 다양한 분야에서 활용되고 있습니다.

저기가 어디지?

어? 저기는 버스 정류장이에요!

형! 그럼 지금 할머니가 저기 계신 거예요?

그래, 맞아.

버스 정류장으로 빨리 가보자구요.

네, 빨리 가요.

할머니!

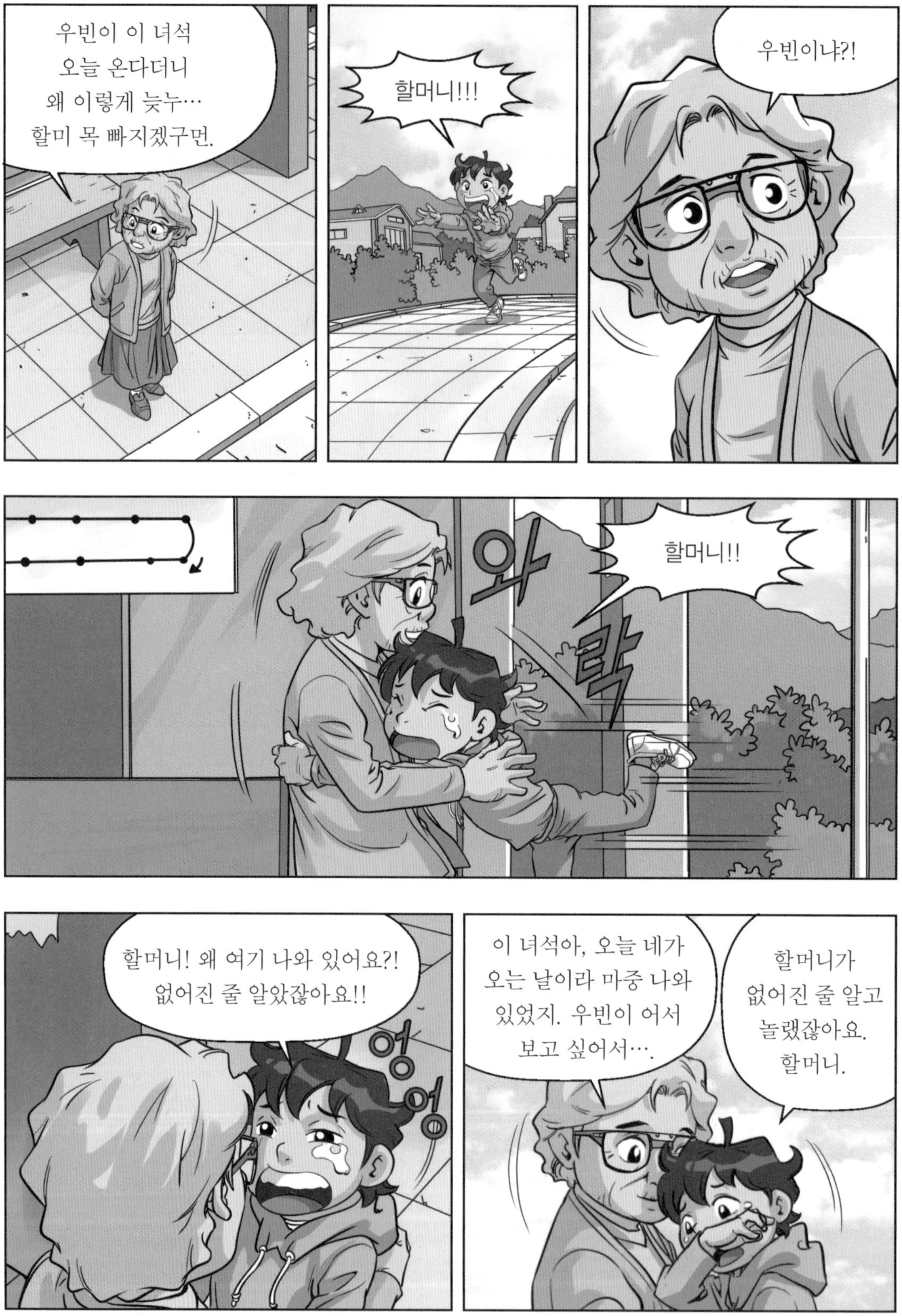
우빈이 이 녀석
오늘 온다더니
왜 이렇게 늦누…
할미 목 빠지겠구먼.
할머니!!!
우빈이냐?!
와락
할머니!!
할머니! 왜 여기 나와 있어요?!
없어진 줄 알았잖아요!!
엉엉
이 녀석아, 오늘 네가
오는 날이라 마중 나와
있었지. 우빈이 어서
보고 싶어서….
할머니가
없어진 줄 알고
놀랬잖아요.
할머니.

휴~ 무사하시니 다행이네.

우빈이 빨리 보고 싶어서 나와 계셨던 모양이에요.

왠 사탕이냐?

내가 애들이냐? 너나 먹어.

할머니께서 형 주래요.

쳇! 형 예전에 나 어렸을 때 내 사탕 많이 뺏어 먹었잖아요. 먹던 것까지도.

이 녀석이 내가 언제!

윽! 머리 나빠지게!

할머니 찾아 줘서 고마워요, 형.

내가 더 고맙지. 성격 까칠하신 우리 아버지와 5년간이나 바둑 친구해 준 덕분에 난 마음 편히 아이트래킹 공부에 매진할 수 있었으니까.

49

근데 아이트래킹 기술로 받은 게 고작 사탕 하나라니. 너무 적은 거 아냐?

그거 그냥 사탕이 아니고 수제 사탕이라구요! 수제! 사탕 장인이 하루에 10알 밖에 못 만드는…. 사탕 맛도 몰라요?

알았다. 알았어. 사탕 맛 최고다. 살살 녹는다, 녹아.

밧데리 형. 아이트래킹 기술에 대해서 더 알려줄 수 있어요? 아까는 할머니 찾느라 정신이 없어서 잘 못 들었어요.

이 녀석이. 또 밧데리 형이래!

왜? 우빈이 넌 컴퓨터에는 별 관심이 없다고 들었는데. 아닌가?

아… 아뇨… 그냥… 궁금해서…

아이트래킹은 한마디로 4차 산업 혁명 시대에 꼭 필요한 기술이야.

그래서 형도 이 분야를 공부한 거야.

혹시 인간의 오감 중 가장 민감하고 반응이 빠른 곳이 어디인지 아니?

눈이요?!

맞아! 눈!

인간의 시각은 외부로부터의 모든 지식과 정보를 수집하는 가장 중요한 감각이야.

네가 바둑판의 수많은 수를 읽을 때도 가장 먼저 눈이 정보를 수집하고 그 다음에 머릿속으로 계산하잖아.

시선을 두는 곳과 시선을 움직이는 것은 인간이 주의를 기울이는 것과 관련이 있어.

시선추적을 통해 그 사람이 어떻게 생각하고, 행동할지를 알아낼 수 있지.

할머니의 시선을 추적해서 할머니를 찾은 것처럼요?

그렇지. 하지만 그건 아이트래킹 기술의 일부일 뿐이야.

실제적 아이트래킹 기술은 바로 눈!

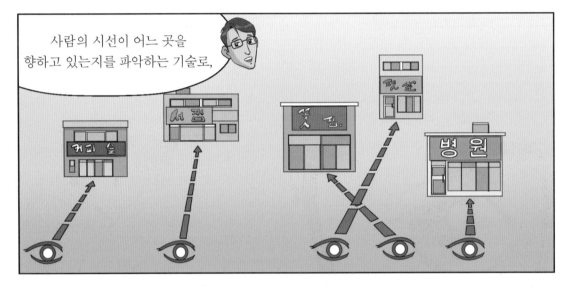

사람의 시선이 어느 곳을 향하고 있는지를 파악하는 기술로,

그 기술을 VR, AR, 스마트폰, 태블릿, PC 등 다양한 기기에 활용하는 것이 주 목적이지.

사람이 하나도 없네.

그리고 가능한 응용 소프트웨어를 개발하는 나 같은 사람을 아이트래킹 프로그래머라고 하지.

그렇구나.

아이트래킹은 심리, 의료, 뇌과학, 게임, 스포츠 등 다양한 분야에서 활용되고 있어.

더 자세히 얘기해 주세요.

마우스나 키보드 없이도 시선으로 모니터의 화면을 조절할 수도 있고,

가상현실 게임을 즐기는 사람들은 VR 헤드셋 없이도 게임을 즐기고,

얏호~ 나를 따르라!

인터넷 서칭, 포토샵, 문서작성 등도 시선만으로 편리하게 사용할 수 있지.

눈으로만도 컴퓨터를 작동할 수 있다니 정말 멋지네요.

수제 사탕이라 그런가…. 감칠맛이 대박이네.

앞으로 아이트래킹 전문가가 상당히 많이 필요하겠네요?

형처럼 아이트래킹 전문가가 되기 위해선 뭘 공부해야 해요?

우선 자바, C 언어, 스크래치 등 프로그램 언어에 대한 기본적인 공부를 해야 해. 그리고 시선 추적과 접목하게 될 분야에 대해서도 공부해야 해.

그렇지. 게임 콘텐츠 제작, VR 게임 디자인, 광고 데이터 분석, 의학 시선 데이터 분석 등 필요한 분야가 많은 만큼 전문가도 많이 있어야겠지.

우빈이는 문제 해결 능력이 탁월하니까, 빨리 배울 수 있을 것 같은데.

내가 또 마음만 먹으면 뭐….

그런데 원장님이 태리형이 하는 일이 힘들다고 걱정하시던데요.

그래? 그런 말씀을 하셨어?

아직은 아이트래킹 프로그래머가 조금 생소한 분야라 어려운 점도 있어. 하지만 앞으로 무한한 가능성을 갖고 있고 비전도 아주 좋아.

정말 그런 거 같아요.

그럼 사탕 하나만 더 줄래?

은근 중독성이 강하네. 자꾸 땡겨.

없어요.

우리 할머니도 아껴 드시는 거예요.

우리도 저렇게 나이 들어 늙고 힘이 없을 때

우리를 보살펴 줄 누군가가 있다면, 또는 대신해 줄 무엇인가 있다면 좋지 않을까?

…?

BCI, 아이트래킹, AI 등은 사람에게 필요한 것을 채워줄 중요한 기술이야.

모든 것이 사람을 돕기 위해서 연구하고 개발되는 거란다.

우빈아, 넌 바둑을 뭐라고 생각하니?

바둑이요?

그래, 인간은 왜 그 긴 세월 동안 바둑을 해 왔을까?

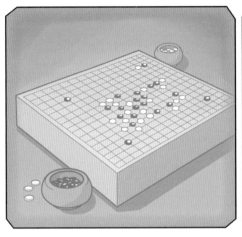

우빈아. 바둑을 두는 것은 이 수많은 선에 한 점 한 점 나의 꿈을 만들어 가는 거란다.

희망이라는 돌, 사랑이라는 돌, 용기라는 돌, 꿈이라는 돌, 친구와 우정이라는 돌.

가족 사랑 꿈 희망 우정 용기 믿음 친구

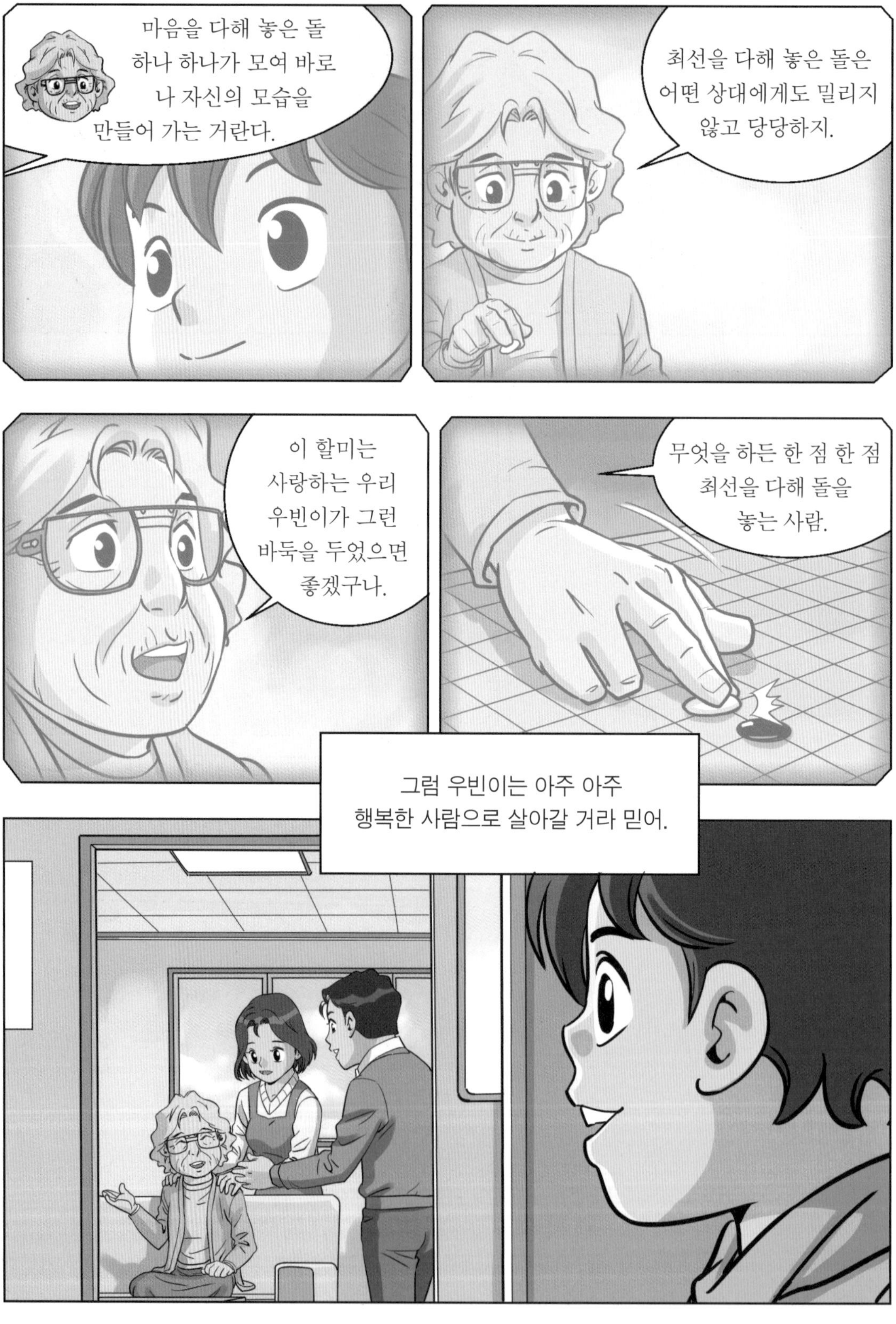

마음을 다해 놓은 돌 하나 하나가 모여 바로 나 자신의 모습을 만들어 가는 거란다.
최선을 다해 놓은 돌은 어떤 상대에게도 밀리지 않고 당당하지.
이 할미는 사랑하는 우리 우빈이가 그런 바둑을 두었으면 좋겠구나.
무엇을 하든 한 점 한 점 최선을 다해 돌을 놓는 사람.
그럼 우빈이는 아주 아주 행복한 사람으로 살아갈 거라 믿어.

바둑은 꿈을 만들어 가는 것이라고 할머니께서 말씀해 주셨어요.

그래, 맞아. 우빈이의 바둑도, 이 형의 아이트래킹도 모두 꿈을 향해 나아가는 거지.

형은 항상 우빈이의 꿈을 응원할게!

네, 고마워요.

사랑하는 우빈아~ 할미 심심하다. 어서 바둑 한 판 두자꾸나.

네, 할머니.

우빈아. 너 할미 나이 안 잊어 먹었지? 할미 나이 몇 살이지?

100살이요!

옳거니! 그럼 할미 바둑은 몇 단이지?

100단이요!

딩동댕~! 정답! 선물이다.

할머니 저도 사탕 좀….

다 큰 놈이 뭔 사탕이여! 우리 손자 줄 것 밖에 없는데. 그치 우빈아?

네~ 할머니~

아이트래킹

피자헛은 스웨덴 아이트래커(사람의 시선이 어느 곳을 바라보는지 추적하는 장치)전문업체인 토비 테크놀로지의 아이트래킹 기기를 메뉴판에 적용했어요. 주문자의 눈동자 움직임을 분석해 시선이 오래 머무른 토핑을 바탕으로 메뉴를 추천하자 고객의 반응이 뜨거웠고 매출이 가파르게 뛰었다고 해요. 아이트래킹 기술은 우리 주변에서 다양하게 활용되고 있어요. 어떤 분야에서 활용되고 있는지 알아볼까요?

아이트래킹(Eye Tracking)은 '눈을 추적한다'라는 영어 뜻 그대로 시선 추적 기술이에요. 시선을 쫓는 기술을 탑재한 장비인 아이트래커를 장착하고 사물을 바라보면, 센서가 눈의 움직임에 반응하여 그 움직임을 추적하는 기술을 아이트래킹이라고 해요.

아이트래킹 기술은 우리 생활 속에서 많이 활용되고 있어요. 소비자의 시선 이동을 분석하여 웹사이트를 디자인하거나, 광고 등을 어디에 배치하는지 결정하며, 대형마트에서는 매장 손님들의 시선이 어디로 가는지, 눈길이 어디에 오래 머무는지를 분석하여 제품을 진열하기도 해요.

아이트래킹 기술은 패션·외식업 등 쇼핑업계에서 가장 활발히 활용되고 있어요. 한 패션업체에서는 소비자가 어디에 가장 시선을 많이 두는지를 분석하여 허리라인이나 어깨라인 등의 디자인을 수정하여 신상품을 개발하기도 해요.

포털사이트인 네이버도 아이트래킹 기술을 활용해 웹사이트 화면을 디자인했어요. 네이버 로고가 상단 위쪽에 있고 로그인 창이 오른쪽에 있는 것은 사람의 시선이 화면 상단에 오래 머문다는 분석결과 때문이에요.

자동차, 광고업계 등에서도 아이트래킹 기술을 활용하고 있어요. 자동차 제조

사들은 운전자가 운전할 때 노래를 틀거나, 전화를 받는 순간에는 정면을 응시하지 않고 3초 이상 기존 시선 범위를 이탈한다는 것을 아이트래킹 기술을 통해 발견했어요. 그래서 이러한 이탈 시간을 줄일 수 있도록 자동차 전면 유리에 오디오 작동, 전화 받기 등의 기능을 설치하도록 노력 중이에요. 자동차 제조사인 재규어 랜드로버는 센서로 운전자의 시선을 추적해 자동차의 와이퍼를 자동으로 작동시키는 기술을 개발하기도 했어요.

인공지능 로봇 '제노' 사람의 마음을 읽다!

며칠 후

우빈이 할머니를 아이트래킹으로 찾았다면서?

네, 아버지. 요양원에 아이트래킹 시스템을 도입하고 있어서 다행히 우빈이 할머니를 빨리 찾을 수 있었어요.

조금만 기다려라, 제노야.

박웅진 소장

아이트래킹 기술뿐만 아니라 4차 산업의 모든 분야가 사람의 도움이 필요한 곳에 빨리 상용화되어야 할텐데.

자, 업그레이드 완료되었습니다.

제노! 업그레이드된 기분이 어때?

오늘 제노의 기분은 대~~박 좋습니다.

뭘 도와 드릴까요?

제노! 오늘 일정 알려줘!

네, 소장님. 잠시 후 10시 30분, 감기약 드실 시간입니다.

그리고 11시 바둑 친구 우빈이 방문 예정입니다.

고마워, 제노. 약 먹을 시간이군.

약이 어디 있더라.

소장님의 습관으로 보아, 약은 성경책 옆에 있을 것입니다.

OK. 여기 있군.

바둑 두러 우빈이가 온다구요?

그래, 이제 곧 올 시간이 됐지.

우빈이를 아버지께 소개해 드린 게 엊그제 같은데 벌써 5년이나 지났네요.

그러게 말이다. 우빈이 덕에 재미있었는데, 이젠 우빈이가 바둑을 안 하겠다고 하니…

우빈이가 바둑을 두지 않겠다고 선언한 건 컴퓨터에 대한 부정적인 생각이 너무 커서 그런 것 같아요.

나도 그 마음은 충분히 이해하지.

우빈이는 바둑이란 세계가 인공지능에 의해 침해받았다고 생각하니까.

우빈이 생각을 바꿔줘야 할텐데.

컴퓨터에 대한 지나치게 부정적인 생각들 말이야.

맞아요. 다시 바둑도 좋아하고 컴퓨터에도 관심을 갖는 우빈이가 되었으면 좋겠어요.

BCI 기술로 수정이 아빠가 걷는 모습을 보고 우빈이 눈빛이 조금 달라지기는 했는데…

그래서 일부러 그런 내기를 하셨던 거군요?

박소장, 우리 우빈이가 어려서부터 너무 바둑만 좋아해서 자신이 정말 더 잘할 수 있는 일이 무엇인지 놓치고 있는 건 아닐까? 바둑도 좋아하지만 다른 것에도 관심을 가졌으면 좋겠어.

우빈이에게 250번이나 패한 제가 뭘 할 수 있겠습니까?

똑 똑

안녕하세요?

어서 와 우빈아!

어? 태리형?

어서 오너라.

네, 소장님. 오늘 마지막으로 바둑을….

어? 저건? 요양원에서 본 것 같은데….

휴머노이드(Humanoid)

'사람'을 뜻하는 Human과 '~와 같은 것'이라는 뜻을 가진 oid의 합성어로 인간의 신체와 유사한 모습을 갖춘 로봇을 휴머노이드라고 합니다. 머리에서 발 끝까지 온 몸이 인간의 신체와 유사한 형태를 가진 로봇으로 인간의 행동을 모방할 수 있는 인간형 로봇입니다.

2000년에 혼다가 두 발로 걸을 수 있는 '아시모'를 개발하고, 2013년에는 소프트뱅크가 세계 최초로 감정을 인식하는 로봇을 개발하기도 했습니다. 이 로봇이 바로 '페퍼'인데요. 페퍼는 사람의 감정을 인식하는 것은 물론 감정에 맞는 말과 행동을 할 수도 있습니다. 페퍼는 2015년 상용화되어 백화점, 병원, 호텔, 패스트푸드점 등에서 만나볼 수 있습니다. 알고리즘을 통해 사람의 감정을 파악하도록 개발되어 사람과 대화를 나누는 것은 물론 안내, 주문, 정보 제공 등 수많은 업무를 수행하고 있습니다. 그리고 최근 싱가포르 난양기술대학에서는 사람과 똑같이 생긴 휴머노이드 '나딘'을 개발했습니다. 이 로봇은 갈색 머리의 여성을 닮았습니다. 연구진은 인간과 상호작용을 할 수 있는 능력을 갖춘 나딘이 치매나 자폐증을 갖고 있는 사람에게 친구가 되어 줄 수 있을 것이라고 전망하고 있습니다.

제노는 기존의 휴머노이드에서 가장 최근 버전으로 만들어져 스스로 감정을 표현하고

우빈아, 만나서 반가워.

과거에 만났던 사람의 모습은 물론 대화 내용까지 기억할 수 있지.

작년에 박소장님께서 어떻게하면 우빈 친구에게 바둑을 한 번이라도 이길 수 있을까, 나한테 물어보시기도 했지.

그래서 요양원이나 병원에 보급되어 치매나 자폐증이 있는 사람의 친구가 되어 주기도 해.

맞아요. 요양원에서 봤어요.

앞으로 좋은 친구가 될 것 같은데.

나하고 쟤하고요?

우빈이 얘기는 소장님께 많이 들어서 잘 알고 있어. 우리 친하게 지내자!

소장님은 왜 남의 신상정보를 저런 로봇한테….

자, 바둑 친구, 바둑 준비 다 되었다구.

앞으론 저 로봇이랑 바둑 두시면 되겠네요.

아니, 난 우빈 친구와 바둑 두는 게 더 좋아.

오늘이 마지막이에요.

아버지, 전 이만 회사에 가볼게요.

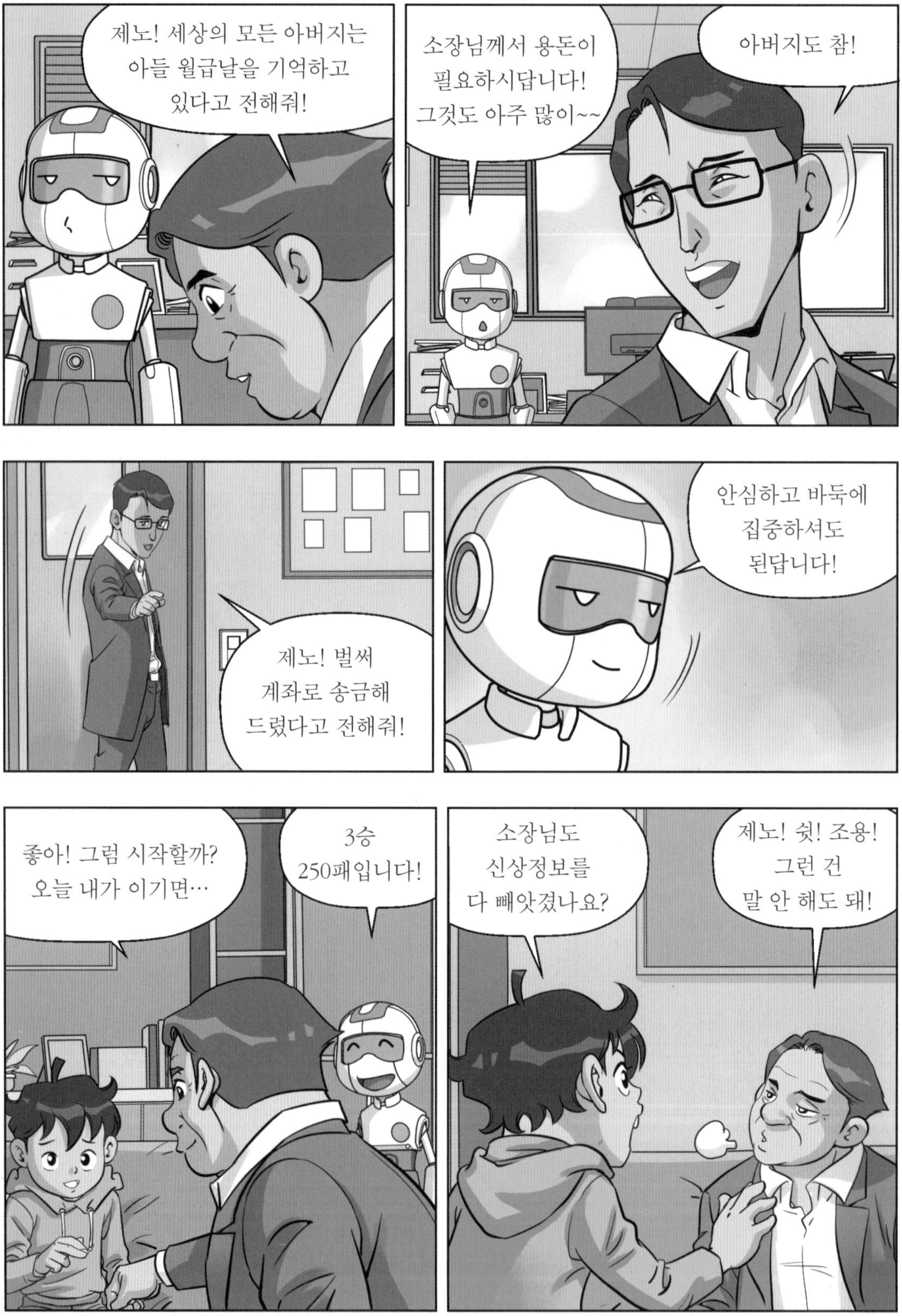
제노! 세상의 모든 아버지는 아들 월급날을 기억하고 있다고 전해줘!
소장님께서 용돈이 필요하시답니다! 그것도 아주 많이~~
아버지도 참!
제노! 벌써 계좌로 송금해 드렸다고 전해줘!
안심하고 바둑에 집중하셔도 된답니다!
좋아! 그럼 시작할까? 오늘 내가 이기면…
3승 250패입니다!
소장님도 신상정보를 다 빼앗겼나요?
제노! 쉿! 조용! 그런 건 말 안 해도 돼!

소장님에 대한 건 모두 다 알고 있나봐요?

그러게 말이다. 제노가 최신 버전이라 지난 일까지 다 알고 있구나.

그건 그렇고, 오늘 내기는….

수정아. 아빠 시원한 물 좀 떠다줄래?

네, 아빠. 얼른 갔다 올게요.

수정이 얼굴이 많이 밝아 보입니다. 아빠 간호하느라 그동안 늘 어두워 보였는데.

네, 그래서 아빠로서 마음이 아프고 미안해요. 한창 신나게 뛰어놀 나이인데….

소장님, 부탁이 하나 있습니다.

우리 수정이가….

이겼다~!!
이겼어~!!

내가 드디어
우빈이를 이겼다!

네, 제가 졌습니다.
아쉽게도….

전반까지만 해도 '내가 졌다' 라고
생각했는데, 네가 갑자기 이상한
수를 두는 바람에 내가 이길
기회를 포착했지.

어때? 내 신의
한 수가?! 정말
묘수였지?

네, 정말 253번 만에
찾아낸 묘수였어요.
대단하세요.

오늘 대결의
진정한 승자는
과연 누구일까요?

무슨 소리야? 제노,
너 벌써 우빈이
편드는 거냐?

자, 오늘은 내가 이겼으니 내 소원 들어주기다. 알았지? 둘 중에 하나 골라봐.

한 가지는 앞으로 죽을 때까지 나하고 바둑 두는 것이고, 또 한 가지는 ….

뭐예요?

한 가지는 바로….

수정아, 들어와!

…?

네, 소장님.

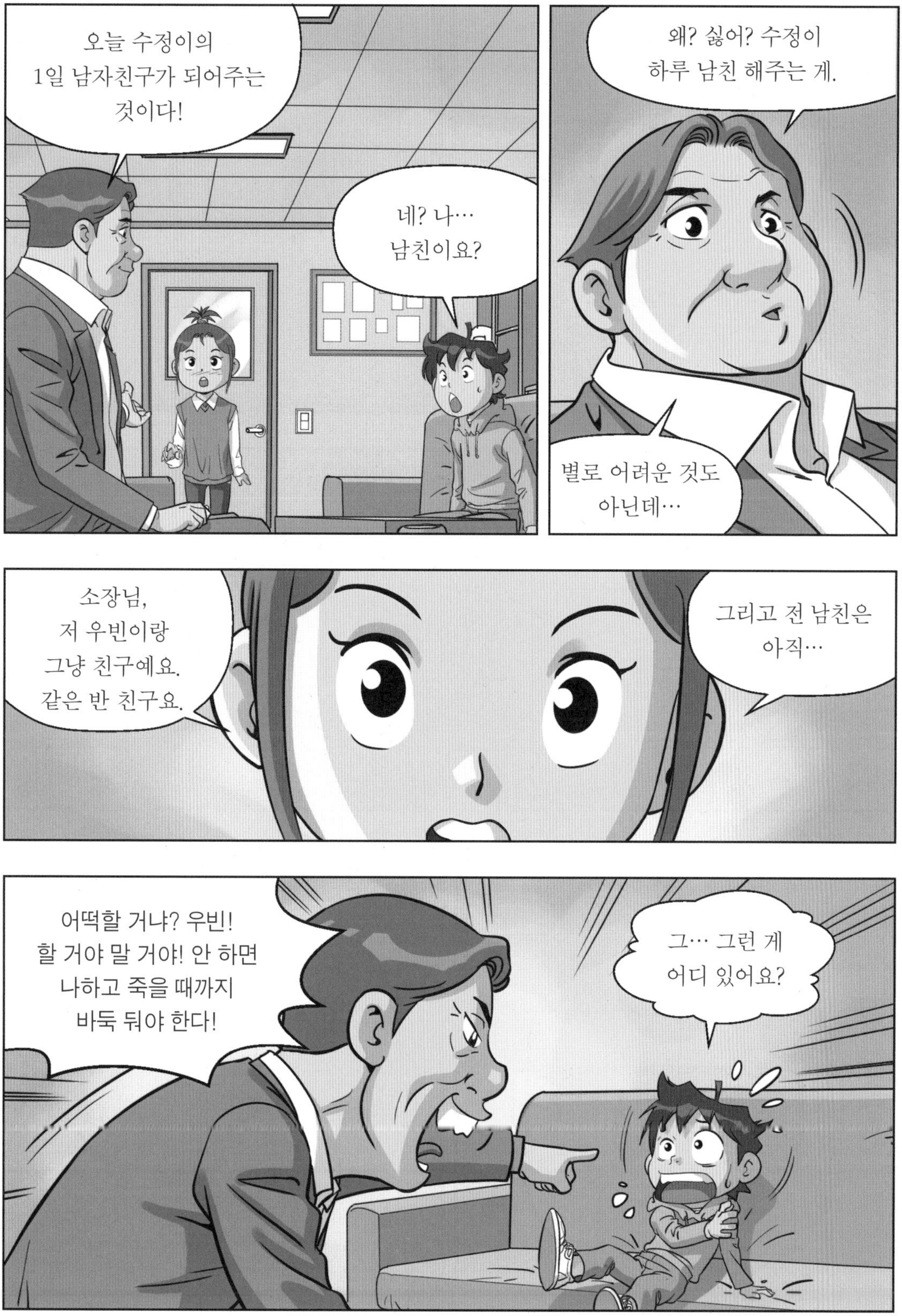

오늘 수정이의 1일 남자친구가 되어주는 것이다!
네? 나… 남친이요?
왜? 싫어? 수정이 하루 남친 해주는 게.
별로 어려운 것도 아닌데…
소장님, 저 우빈이랑 그냥 친구예요. 같은 반 친구요.
그리고 전 남친은 아직…
어떡할 거냐? 우빈! 할 거야 말 거야! 안 하면 나하고 죽을 때까지 바둑 둬야 한다!
그… 그런 게 어디 있어요?

수정이도 오늘 하루는 우빈이 여자친구다. 알았지?

그럼… 생각 좀 해 보고요.

좋아하고 있다! 사람의 얼굴 근육은 좌우 각각 22개, 숨기고 있지만 좋아할 때의 얼굴 근육이 움직이고 있다!

뭐… 뭐야?!

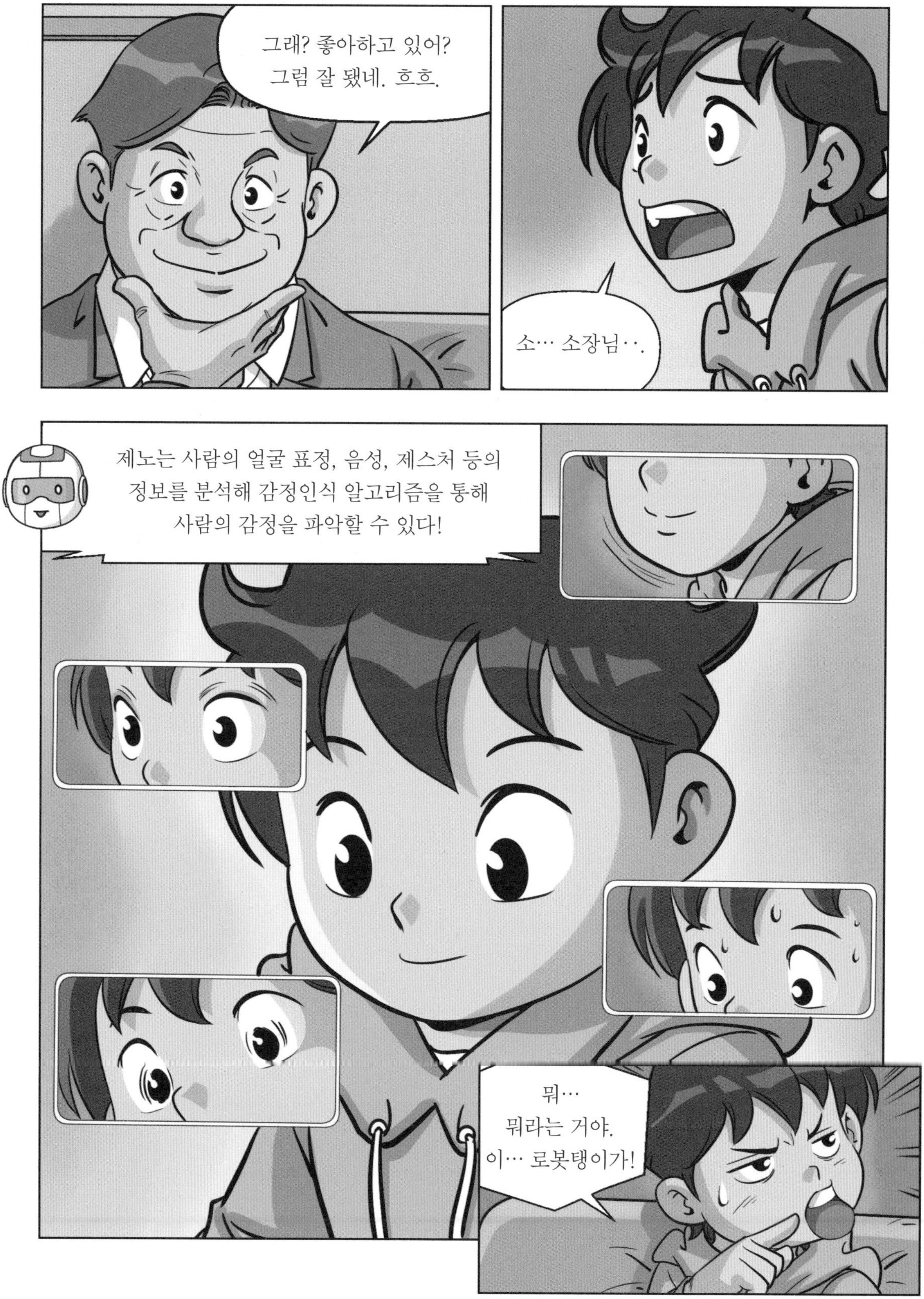
그래? 좋아하고 있어?
그럼 잘 됐네. 흐흐.
소… 소장님‥.
제노는 사람의 얼굴 표정, 음성, 제스처 등의 정보를 분석해 감정인식 알고리즘을 통해 사람의 감정을 파악할 수 있다!
뭐…
뭐라는 거야.
이… 로봇탱이가!

표… 표정?

그렇다. 제노에게는 모든 바둑 선수의 바둑 두는 모습이 데이터화되어 있다. 그런데 우빈의 표정을 분석한 결과 후반부에서 바둑을 둘 때 집중하지 않는 표정이었다.

제노! 네가 뭘 안다고!

자 자, 그만들 하고.

암튼 중요한 건 약속한 대로 우빈이 네가 수정이 남친이 되어야 한다는 것이다.

남자니까 약속을 꼭 지켜라. 알았지?

네, 알았어요.

박소장의 3승을 축하하는 의미에서 맛있는 피자를 가져왔습니다!

피자 배달 왔습니다!

가나안 피자! 드레싱한 올리브유의 향을 맡아보니 크레타 섬의 3,000년 된 아노보우베 올리브 나무 열매입니다.

딩동댕~~! 인공지능 제노는 모르는 게 없구나!

정말 제노가 피자에서 나는 올리브 향을 맡을 수 있어요?

휴머노이드 제노는 거짓말을 못 하지.

휴머노이드란 첫째, 인간처럼 자연스럽게 두 발로 보행해야 하고

둘째, 오감, 즉 시각, 청각, 후각, 미각, 촉각을 느낄 수 있어야 하며

셋째, 스스로 학습하고 판단하는 능력을 갖추어야 하지.

초록 사과의 냄새가 상큼하군.

제노가 냄새를 맡는 건 당연하고, 그 냄새에 관련한 모든 정보를 0.4초 안에 분석할 수 있지.

로봇이 냄새까지 맡다니 정말 대단한데요.

으쓱

그런데 양쪽 손에 피자를 들고
어떻게 휠체어를
타고 오신 거예요?

녀석하곤. 나도 피자
한 조각 먹고 말하자.

너무
궁금해서요.

박소장 바둑 친구
차우빈이라고 했지?

네.

손으로 작동하지 않고도
휠체어를 타는 것은
뇌파로 움직이게 하기
때문이야.

뇌파로요?

앞으로 가는 생각을 하면 직진을 하고, 오른쪽으로 가는 생각을 하면 우회전, 왼쪽으로 가는 생각을 하면 좌회전을 하게 만들어져 있지.

생각하는 대로 휠체어가 움직여요?

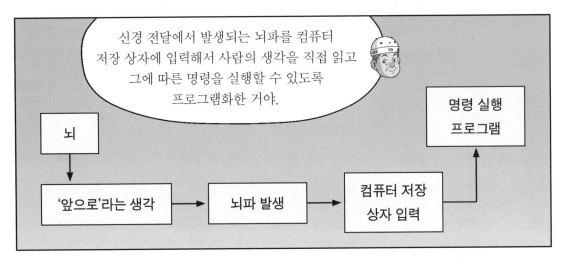

신경 전달에서 발생되는 뇌파를 컴퓨터 저장 상자에 입력해서 사람의 생각을 직접 읽고 그에 따른 명령을 실행할 수 있도록 프로그램화한 거야.

뇌

→

'앞으로'라는 생각 → 뇌파 발생 → 컴퓨터 저장 상자 입력 → 명령 실행 프로그램

바둑을 둘 때 내 생각대로 상대방의 수를 움직이게 하는 고도의 심리 기술처럼 생각만으로 기계를 작동하게 하는 거군요?

이쪽을 내어 주면 상대는 저쪽을 공격해 오겠지?

오홋! 역시 똑똑하네. 박소장에게 듣던대로야.

우빈이가 말한 것처럼
바둑과 컴퓨터 즉,
인공지능은
닮은 점이 많지.

방대한 지식을 토대로
0.4초라는 찰나의 순간에
결정하는 것도 같아.

상대방의 수를
모두 읽고 분석해 다음
수를 놓는 것이 0.4초.
인공지능도 0.4초 안에
데이터를 분석하고
행동하지.

맞아요. 생각해보니
바둑과 컴퓨터는
비슷해요.

사람은 문제를
해결하려 할 때 뇌에서
특정한 뇌파가 발생해.
그래서
그 사람의 뇌파를 감지하고
해석하는 뇌파기록장치나
신경세포의 신호를 감지하고
해석하는 두뇌 칩을 이용하여
생각하는 대로
컴퓨터나 기계, 로봇을
작동할 수 있는 거지.

아… 그렇구나.

바로 박소장님이 BCI 기술로
신경재활의학 치료를
하는 것처럼 말이야.

그리고 컴퓨터와 로봇이
사람의 감정까지 인지해
상황에 맞는 서비스를 제공한단다.

여기 장박사가 그런 일을 하는
감성인식기술 전문가란다.

우와~

감성인식 기술

감성 ICT라고도 불리는 감성인식 기술은 인간의 감성을 자동인지하고 사용자의 감성과 상황에 맞게 감성정보를 처리해 공감을 일으키며 기술적 한계를 돌파하는 혁신기술입니다.

예를 들어 생체 센서를 활용해 스트레스를 자동으로 감지하고 만성적 스트레스 질환을 예방하는 기술이라든지, 자동차에 부착된 감성인지 센서로 운전자의 감성을 추출하고 그간의 경험적 내용을 바탕으로 운전환경을 향상시키는 기술 등이 있습니다.

이처럼 감성인식 기술은 단순한 감성적 자극에서 점점 고도화된 감성인지 기술 및 감성적 처리, 그리고 교감까지 가능한 기술로 발전하고 있습니다. 이와 함께 인간의 감성을 인지하여 감성 맞춤형 제품 및 서비스를 제공하는 기술을 개발하는 감성인식기술 전문가의 활동도 활발해지고 있습니다.

감성 ICT 산업에는 감성인지 처리 서비스 제공과 관련된 연구개발, 엔지니어, 컨설팅 등 다양한 직업이 있어. 감성 기술 개발 분야는 감성인식 기술, 감성교감 기술, 감성지능 플랫폼 기술, 감성융합 서비스 기술 등으로 나뉘어져 분야별로 전문가가 활동하고 있단다.

정말 다양한 분야가 있네요.

앞으로는 생각도 못한 더 많은 분야에 감성인식 기술이 필요하게 될 거야.

그새 피자를 다 먹었네.

혹시 더 궁금한 게 있으면 감성기술 교육 연구소로 찾아오렴.

그래도 돼요?

그럼, 언제든지 환영이야. 우리나라 미래의 꿈나무들인데.

그럼 저 오늘 가볼래요. 가보고 싶어요.

너… 정말 갈 거야?

응, 가볼래.

우빈이 같이 가야 한다! 왜냐하면 좋아하고 있으니까!

너 자꾸 까불면 혼난다!

제노는 거짓말 안 한다!

우리 수정이가 또래 아이들처럼 마음껏 웃고 재미있게 노는 모습을 보고 싶어요.

너 정말 연구실에 가고 싶니? 다른 데도 좋은 데 많은데….

다른 데…? 좋은 데 어디?

아… 아니 그냥…

난 아빠를 다시 걸을 수 있게 한 BCI, 그리고 사람의 감정을 인식하는 제노, 생각하는 대로 움직이는 휠체어를 보니까 너무 멋있는 것 같아.

그렇구나.

너 연구소에 가고 싶지 않으면 나 혼자 가도 돼. 괜찮아.

아… 아냐. 나도 가고 싶어.

솔직히 말해봐. 소장님하고 약속해서 억지로 가는 거 아니고?

아니라니까. 나도 연구소가 어떤 곳인지 보고 싶어.

풋~ 알았어.

감성기술 교육 연구소

어서들 와라. 꿈나무들이 온다는 전화받고 기다렸다.

안녕하세요?

여기 연구소에서 연구하는 감성기술은 IT산업은 물론이고 다른 산업에도 융합 적용될 수 있는 기술이야.

감성기술 분야는 기능 중심에서 인간 중심으로의 전환을 추구하는 기술이야. 미래의 주요 직업군을 배출할 산업으로 전망되고 있어.

아마, 오늘 방문한 두 꿈나무가 컸을 때 쯤이면 감성인식 기술이 모든 분야에서 활용되고 있을 거야.

그래서 ICT산업에서는 최소 수천 명의 고용창출이 있을 거라고 예측하고 있지.

수천 명씩이나요?

그럼 앞으론 일자리 걱정은 하지 않아도 되겠네요.

하하, 나도 그럴 거라 믿어.

지금 이분들이
하고 있는 건
무슨 일이에요?

차세대 먹거리로 주목받고 있는 스마트헬스 분야로,
특정 물질의 농도를 측정하는 바이오 센서를 이용해
혈당 및 간수치 등을 체크하고 그 결과를
스마트폰 앱으로 보내서 관리할 수 있게 해주는
서비스를 개발 중이야.

이분들은 근무 시간인데도
많이 자유로워 보여요.

맞아. 감성인식기술 전문가는
창의적인 아이디어를 구상해야 해서
근무환경이 다른 직업에 비해
매우 자유롭지.

아, 그렇구나.

자율 속에서 자기가 맡은 일을
능동적으로 해내기 때문에
일의 능률이 더 높아졌어.

감성인식 기술은…

인간의 진실한 마음을 읽고
기계를 통해
사람과 소통하는 것이
궁극적인 목표란다.

기술의 발전이
목적이 아니라
소통이 목적이라는 것이
참 마음에 들어요.

그렇지 우빈아?

응. 맞아.

90

네, 전에 말씀하셨듯이 바둑과 컴퓨터는 참 많이 닮은 것 같아요. 그래서 조금씩 공부해 보려구요.

그래? 인공지능에 대한 생각이 바뀌었다고?

제노! 우빈이 하는 말 들었어?

네, 100% 진심입니다.

하하하하. 연구소에 다녀 온 보람이 있구나.

수정아, 고맙다.

사람의 감정을 읽는 인공지능

사람의 감정을 읽는 인공지능이 있다면 어떨까요? 우리가 우울하고 슬플 때 로봇이 공감하고 위로해 준다면, 아마 인공지능 로봇과 인간은 가장 친한 친구가 될 수 있을 거예요. 로봇이 어떻게 사람의 감정을 읽을 수 있는지 알아볼까요?

한 여자가 집에 들어서더니 힘든 일이 있었던 듯 흐느끼며 울어요. 이를 쳐다보던 로봇이 "울지 마세요. 까꿍!"하며 여자를 위로하고 웃음을 줘요. 이것은 일본의 IT 기업인 소프트뱅크가 만든 감정인식 로봇 '페퍼(Pepper)'를 광고한 광고 속 모습이지만, 실제로 감정인식 로봇은 이미 우리의 생활 속에 들어와 있어요. 일본의 미즈호은행에 가면 페퍼가 반갑게 인사하며 간단한 고객 응대를 한다고 해요.

《포춘》과 《워싱턴포스트》 등 주요 외신들은 곧 '감성인식 인공지능의 시대'가 열릴 것이라고 말했어요. 사람의 감성을 인식하려면 얼굴 표정, 음성의 높낮이 등을 잘 파악해야 해요. 얼굴 표정을 이해하기 위해서는 미묘한 변화를 모두 알아차릴 수 있어야 해요. 뺨 근육이 긴장되는지 이완되는지, 눈썹이 어떻게 움직이는지, 입모양은 어떤 모양으로 변하고 있는지 등을 모두 파악하고 이해해야 하는데 인공지능은 점점 더 작은 변화까지도 감지하고 읽어낼 수 있을 정도로 발전하고 있어요.

카네기멜론대 로봇연구소가 개발한 감성인식 프로그램 '인트라페이스(Intraface)'는 스마트폰 카메라를 통해 실시간으로 사용자의 기분을 분석해요. 슬픔·혐오·중립·놀람·기쁨 등 다섯 가지 감정을 분석해 막대그래프로 정도를 표현하지요.

연구진은 감성인식을 위해 먼저 기계에 일반적인 얼굴을 인식하고 추적하는 법을 가르쳤어요. 이후 개인의 얼굴을 파악해 감정을 분석하는 알고리즘을 입력해 정확하고 효율적으로 그 사람의 감정을 추적할 수 있도록 했어요.

무어 교수는 "거짓반응과 즉각적인 반응은 나타나는 타이밍이 다른데 컴퓨터가 그 시간까지 포착해낼 수 있다"며 "감정을 감추고 컴퓨터를 속이는 것은 쉽지 않을 것"이라고 말했어요. 연구진은 임상실험으로 우울증 진단에 인트라페이스를 사용하고 있는데, 음성과 표정의 미묘한 시간차를 인지해 우울증의 정도까지 파악한다고 해요.

미래를 준비하는 사람들

아빠,

아빠 나이가 몇 살이에요?

아빠 나이? 생뚱맞게 갑자기 아빠 나이는 왜?

그냥요. 궁금해서요.

이 녀석, 아빠 나이도 모르냐?

아빠는 대한민국 산업 사회를 발전시키고, 눈부신 경제 성장을 이룩하는 데 중추적인 역할을 한

전 세계에 한국이라는 국호를 알리는 데 앞장선 자랑스러운 세대! 바로 마흔 일곱이지!

아… 네…

근데 전혀 그렇게 안 보이지?

네, 마흔 일곱으로 안 보여요. 전혀…

그렇지? 40대 초반으로 보이지? 아빠가 좀 동안이야.

50대로 보여요. 수염 안 깎은 날은 60대로…

컥! 6… 60대!? 이놈이!

그게 아니고…
아빠가 새벽에
일어나 출근하시길래
아빠가 나이가 많아서
새벽잠이 없어졌나
보다 했죠.

그…
그건…

일수무퇴!

정말 이러기냐?
나도 아까 한 수
물러줬잖아!

글쎄
안 된다니까!

우빈아, 이제 정말
바둑은
그만 둘거니?

아빠는 우빈이가
무엇을 선택하든
너의 선택을
존중할 거야.

우빈이가 무엇을
하느냐보다는 어떤
마음을 갖고 하느냐가
더 중요한 거니까.

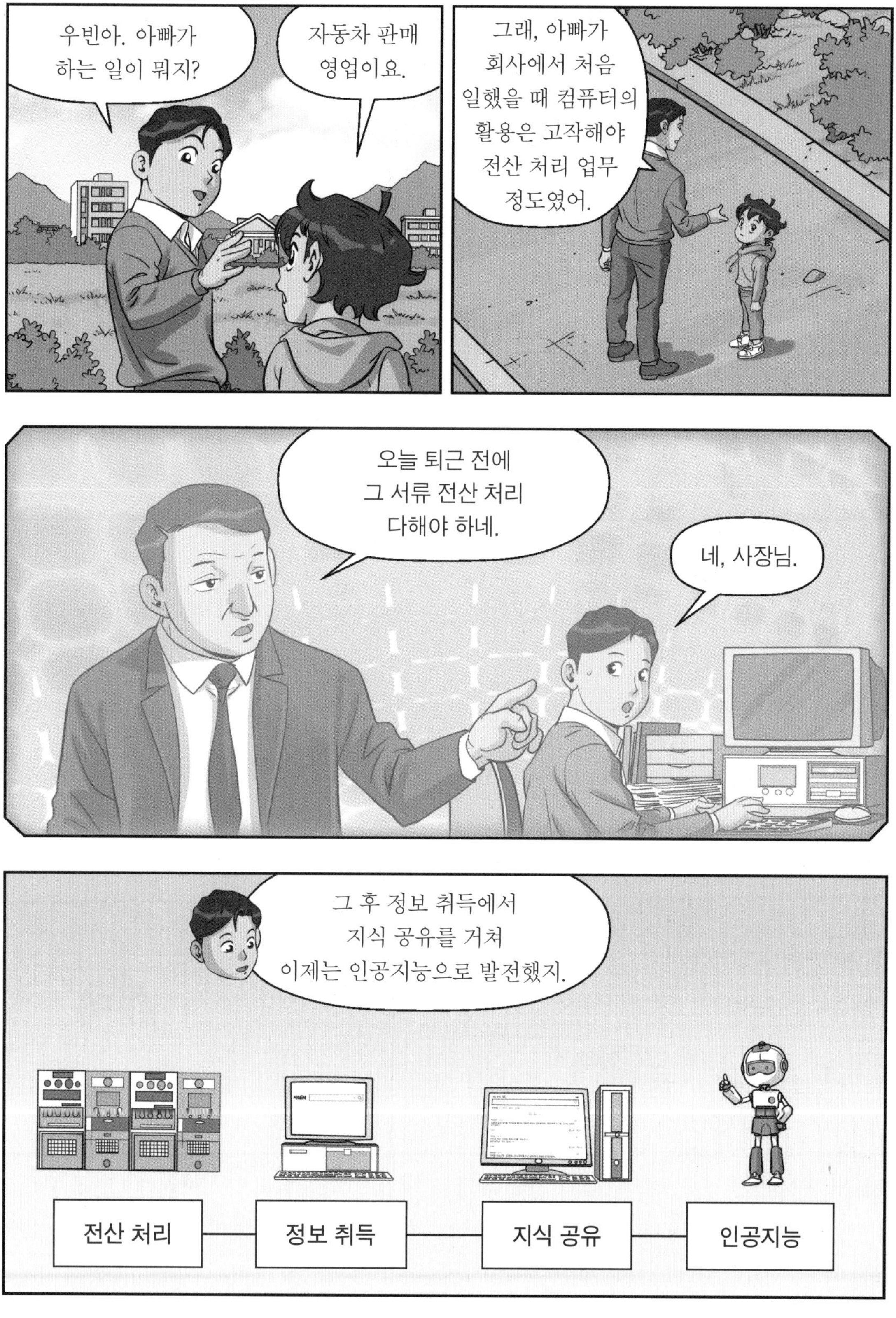
우빈아. 아빠가 하는 일이 뭐지?
자동차 판매 영업이요.
그래, 아빠가 회사에서 처음 일했을 때 컴퓨터의 활용은 고작해야 전산 처리 업무 정도였어.
오늘 퇴근 전에 그 서류 전산 처리 다해야 하네.
네, 사장님.
그 후 정보 취득에서 지식 공유를 거쳐 이제는 인공지능으로 발전했지.
전산 처리
정보 취득
지식 공유
인공지능

이젠 아빠가 하는 영업에도 AI가 필요하단다.

고객의 데이터를 수집하고, 운전 습관, 운전 거리, 취향 등을 파악하여 알맞은 차의 종류를 추천하고, SNS, 어플리케이션을 통해 광고도 해야 하거든.

아~ 그렇군요.

아이스크림 배달 왔습니다.

어? 우린 배달 안 시켰는데요?

내가 배달 앱으로 시켰지. 정확한 시간에 잘 찾아왔네.

아빠가요?

그래, 맛있겠다.

배달 앱을 통해 언제, 어디로 오라고 하면 이렇게 배달을 해주니 얼마나 좋니?

우와~ 대박! 전화로만 배달 주문하던 아빠가!

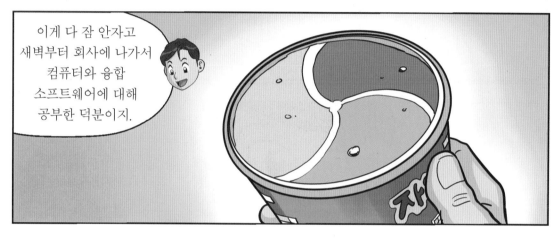

이게 다 잠 안자고 새벽부터 회사에 나가서 컴퓨터와 융합 소프트웨어에 대해 공부한 덕분이지.

컴퓨터와 융합소프트웨어에 대해 공부를 하셨다구요?

그래. 이건 엄마한텐 비밀이다.

근데 왜 비밀이에요?

자고로 큰일을 도모할 땐 아무도 모르게 해야 하는 거란다.

얼마 전에 아빠 회사에 융합소프트웨어 학과를 졸업한 신입사원이 한 명 들어 왔어.

열심히 일하겠습니다!

그 신입사원에게 컴퓨터와 융합소프트웨어에 대해 가르쳐 달라고 했지.

그러니까 고객 관리는…

이 소프트웨어를 통해서…

음, 서비스는…

얼마 전까지만 해도 우빈이처럼 아빠도 컴퓨터에 대해 잘 알지 못했어.

그런데 공부하면서 컴퓨터가 어떻게 세상을 변화시키는지 조금씩 알기 시작했어.

그리고 컴퓨터는 인공지능으로까지 발전하면서 우리가 살아가는 세상에 반드시 필요한 거라는 것을 깨달았지.

그리고 4차 산업 혁명 시대는 모든 것이 융합되는 시대라서 컴퓨터 없이는 아무것도 할 수 없다는 것도 알게 되었어.

원시 시대
도구: 돌 도끼

농업시대
도구: 농기구

부품 체크

운행 거리

판매 현황

운전 습관

차의 종류

출고 상황

AS 현황

4차 산업 혁명 시대
도구: 컴퓨터

융합이요?

융합이란 녹을 융(融), 합할 합(合). 말 그대로 녹아서 하나로 합쳐진다는 의미인데…

101

이 아이스크림을 예로 들어볼까?

녹차 맛을 내는 녹색과 수박 맛을 내는 빨간색

바나나 맛을 내는 노란색이 혼합되어 새로운 맛의 아이스크림이 된 것처럼 말이야.

융합 아이스크림…?

우빈아, 아이스크림 용기의 QR코드를 스캔해 봐.

QR코드요?

찰칵

반갑습니다! 전라북도 고창 수박 농장에 오신 것을 환영합니다!

어? 삼촌이네요?

그런데 왜 삼촌네 농장이 나와요? 아이스크림 회사와 무슨 상관이에요?

삼촌이 키운 수박이 이 아이스크림 회사에 납품되고 있거든.

그래서 아이스크림 QR코드에 삼촌네 수박 농장이 소개되는 거야.

소비자는 어떻게 재배된 수박이 재료로 사용되었는지 확인할 수 있으니 안심하고 아이스크림을 먹는 거지.

와~ 아빠 완전 다른 사람 같아 보여요!

더 놀라운 거
보여줄까?

아까 삼촌이
급한 일 있다고
아빠한테
수박농장에
물 좀 주라고
부탁했거든.

네? 그럼 지금
고창에
가려구요?

아니, 삼촌네 농장은 스마트 팜
SW융합 서비스로
운영되고 있어.

스마트 팜(Smart farm)

스마트 팜은 농작물을 재배하는 비닐하우스나 가축을 사육하는 축사에 융합소프트웨어를 접목하여 농작물과 가축의 생육환경을 원격 자동으로 유지하고 관리할 수 있는 지능형 농장입니다.
노동력과 에너지 등을 최소화하면서도 최고의 농작물을 생산하고 최상의 품질로 수확할 수 있도록 만들어졌습니다.
정보통신기술(ICT)을 활용한 스마트 팜은 온도나 습도 등 환경 정보나 생육 정보에 대한 정확한 데이터를 기반으로 생육 단계별 정밀한 관리를 통해 품질을 향상시키고 많은 수확량을 얻어 수익성을 높일 수 있습니다.

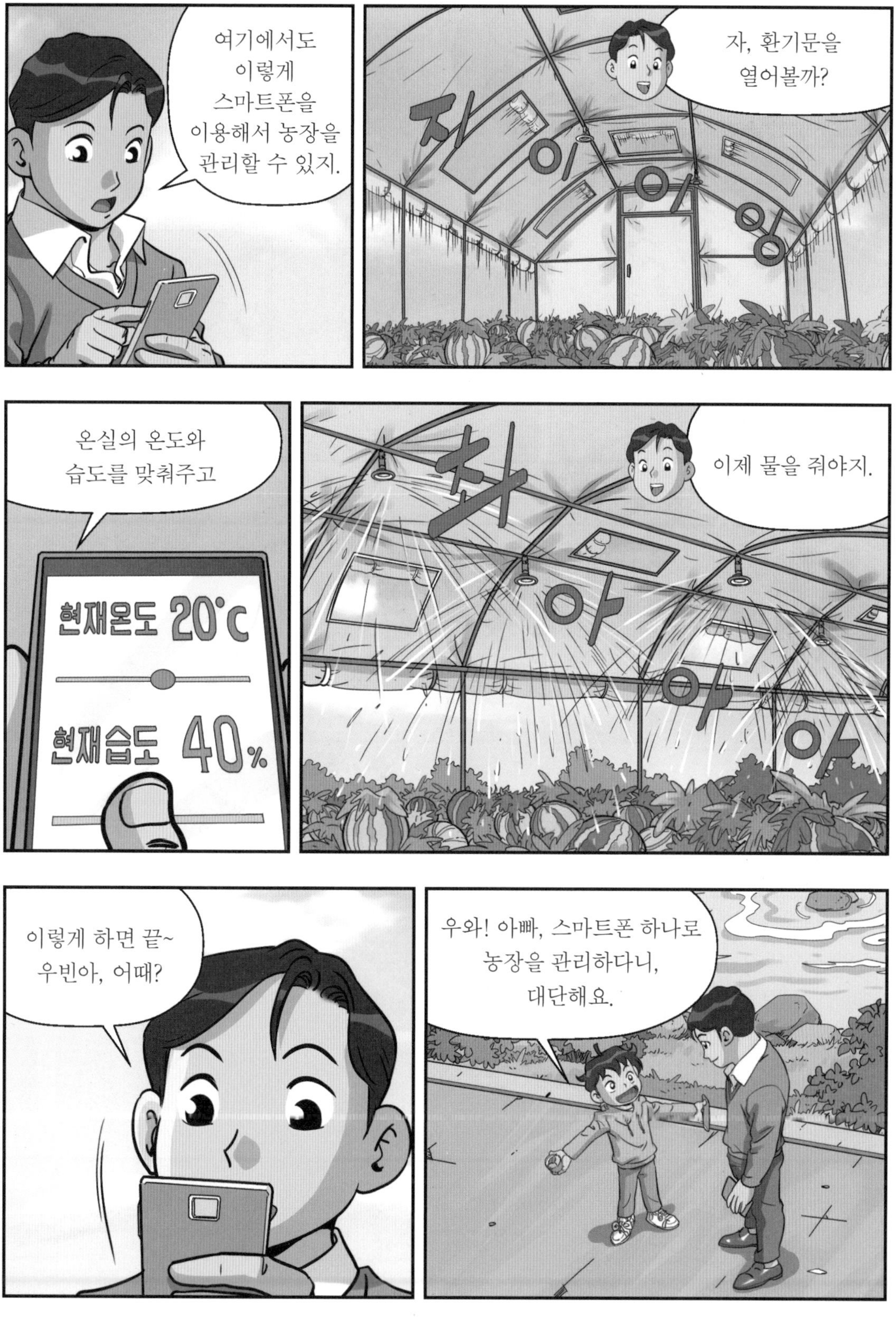
여기에서도 이렇게 스마트폰을 이용해서 농장을 관리할 수 있지.
자, 환기문을 열어볼까?
지이이잉
온실의 온도와 습도를 맞춰주고
현재온도 20°c
현재습도 40%
이제 물을 줘야지.
촤아아아
이렇게 하면 끝~ 우빈아, 어때?
우와! 아빠, 스마트폰 하나로 농장을 관리하다니, 대단해요.

아빠가 대단한 게 아니고 융합소프트웨어가 대단한 거지.

삼촌네 농장뿐만 아니라 전라북도는 농·생명 산업에 DNA를 접목하여 빅데이터 기반의 스마트 팜 소프트웨어 융합 서비스 플랫폼을 구축했어.

시금치
양파
배추
브로콜리
당근

농·생명 산업의 디지털 전환 계획을 통해 농·림·축·수산물의 생산, 가공, 유통 단계에서 정보통신기술(ICT)을 접목하여 지능화된 농업 시스템을 도입할 계획이란다.

이러한 융합소프트웨어는 다양한 분야에 활용되어 4차 산업 사회는 엄청난 속도로 새롭게 변화되고 있어. 지역 경제가 활성화하는데도 큰 역할을 하고 있지.

아빠, 언제 그렇게 많이 공부했어요?

흠흠… 별거 아니란다.

우빈아. 아빠는 우빈이가 바둑을 그만하겠다고 해도 괜찮아.

무엇을 선택하든 우빈이 네가 하고 싶은 걸 하면 되는 거야.

네….

다만 네가 인공지능이 싫다고 배우지 않고 멀리한다면 절대 그걸 이길 수 없어. 보다 넓은 세상으로 가는 길을 스스로 포기하지 않았으면 좋겠어.

아빠도 인공지능을 활용하여 지금보다 더 발전하기 위해 이렇게 공부하고 있는 거란다.

알겠어요, 아빠.

사실 저도 BCI 기술로 걷지 못하던 수정이 아빠가 걷게 되어 수정이가 행복해 하는 것을 보면서 인공지능이 사람을 행복하게 해 줄 수도 있다는 것을 알게 되었어요.

또 요양원에서 아이트래킹 기술을 통해 무사히 할머니를 찾았을 땐 인공지능이 고맙게 느껴졌구요.

오늘은 아빠를 통해 융합소프트웨어에 대해 듣게 되니까, 나도 아빠처럼 공부를 해야겠다는 생각이 들어요.

역시 내 아들답다.

앞으로 융합소프트웨어 기술과 산업이 발달하면서 점점 더 편리한 세상이 될 거야.

아빠, 잠깐만요.
전화 좀 받구요.

박소장님이?

그래… 알았어.

그럼
거기서 봐.

아빠. 저 먼저
갈게요.

누군데?

친구예요.

여자친구구나?

아니에요…. 그냥
같은 반 친구예요.

녀석…

미안.

내가 융합소프트웨어에 대해 궁금하다고 하니까

박소장님이 우빈이 너하고 가야 연구소에 들어갈 수 있다고 하셔서…

괜찮아. 나도 와보고 싶었어. 들어가자.

그럼 다행이다. 와 줘서 고마워.

이거 무슨 아이스크림인줄 알아?

무슨 아이스크림인데?

융합! 아이스크림이야.

융합 아이스크림?

그런 아이스크림이 있어?

새로 나왔어. 세 가지 맛이 나면서 또 새로운 맛이 나.

어? 그러네. 맛이 색다르네.

근데 너 융합이 뭔지 알아?

당연하지! 융합이란

녹을 융(融) 자에 합할 합(合) 자!

녹아서 하나로 합쳐지다.

그래서 융합 소프트웨어란 말이지….

우빈이 너 많이 알고 있구나.

어서 오렴. 네가 바둑천재 차우빈이고, 눈이 초롱초롱한 넌 수정이구나.

나는 융합소프트웨어 개발자란다.

안녕하세요?

너 바둑 실력은 박소장님한테 들어서 잘 알고 있단다. 나 하고도 한 판 둬야 한다. 알았지?

왜 싫어? 그럼 나도 바빠서 융합소프트웨어에 대해 알려줄 수가…

아니에요. 이따 끝나고 같이 해요.

좋았어! 나도 바둑천재랑 바둑 두었다는 인증샷을 올려야지.

나도 어려서부터 바둑이 취미였는데, 지금은 이렇게 융합소프트웨어 개발자가 되었지.

우빈아, 인공지능이 사람을 이길 수 있었던 이유가 뭐라고 생각하니?

글쎄요….

그건 인공지능이 인간보다 훨씬 더 많은 경우의 수를 알고있기 때문이야.

그래서 인간은 앞으로 점점 더 인공지능을 이길 수 없어.

하지만 진화하는 인공지능으로 인해 우리도 공부하는 방법이 바뀌게 될 거야.

우리도 진화하는 거지. 인공지능과 인간은 이렇게 함께하는 거란다.

공부하는 방법이 바뀌어요?

에듀테크라고 들어 봤어?

처음 들어요.

현재의 읽고 쓰기 공부 방법에서 벗어나 교육용 스마트 기기를 통해 암기 기억법을 높이고,

뇌파 유도를 통해 두뇌의 집중력을 최대한 높여 개인의 학습 능력을 키워주는 교육용 기술을 통해 공부하게 될 거야.

그 기술을 우리 같은
융합소프트웨어 개발자들이
만들지.

그럼 공부가 쉽고
재미있어지겠네요?

근데 소프트웨어는
구체적으로 뭘 말하는
거예요?

소프트웨어란 컴퓨터
프로그램이나 그와 관련된
문서들을 통 틀어서 지칭하는
말이야.

너희들
여기 올 때
뭐 타고 왔니?

버스요.

버스를 기다릴 때
버스가 언제 올지 어떻게
알 수 있을까?

버스 전광판을 보면
알 수 있어요.

그래, 전광판을 보면 알 수 있지. GPS를 통해 받은 정보를 전광판에 표시하는 것이 소프트웨어 프로그램이란다.

아… 그렇구나.

우리의 생활을 더 편리하게 해주는 각각의 소프트웨어를

새롭게 프로그래밍화하는 것이 바로 융합소프트웨어야.

융합소프트웨어가 또 어느 곳에 사용되고 있나요?

너무 많아서 다 말하려면 밤새야 할 거 같은데.

우리 실생활과 밀접한 에너지 IT, 가전기기, 전기 자동차, 의학 IT, 더 나아가 나라를 지키기 위한 국방 IT에도 쓰이고 있지.

정말 우리 주변 모든 곳에 사용되고 있네요.

스마트 팜 사업에도 융합소프트웨어 기술이 활용되고 있어요.

맞아. 어떻게 알았니?

아빠가 가르쳐 주셨어요.

아저씨처럼 융합소프트웨어 개발자가 되려면 어떤 공부를 해야 해요?

우빈아. 바둑을 둘 때 눈앞의 작은 한 수에 집착하게 되면 어떻게 되지?

그 한 수 때문에 패하게 되죠.

맞아. 어떤 한 가지에 몰입하면 전체를 보지 못하는 것처럼, 융합소프트웨어 개발자가 되기 위해선 사회의 흐름을 먼저 알아야 해. 그리고 IT 용어와 IT에 관한 전반적인 공부를 해야 한단다.

아저씨가 개발하고 싶은 건 뭐예요?

내 꿈은 많은 사람에게 도움을 주고 행복하게 해주는 소프트웨어를 개발하는 거란다.

우빈이와 수정이도 밝고 행복한 미래를 위해 꿈을 크게 갖길 바라.

네. 알겠습니다.

감사합니다.

자, 이제 우빈이와 바둑을 한 판 두어야지.

네. 알았어요.

수정이 넌 누가 이길 거 같아 보이니?

저는… 음… 당연히…

당연히 누구?

뇌를 통해 심리를 파악하여
고객의 마음을 사로잡는다

하버드 대학교의 잘트먼 교수는 인간 사고의 95%가 무의식 중에 일어나며 나머지 5%도 언어로써 표현할 수 없는 경우가 많다고 강조했어요. 뉴로 마케팅은 '소비자의 선택은 이성적 판단보다 잠재의식 속에서 이루어지는 경우가 많다'는 전제에서 출발해요. 고객의 마음을 사로잡으려면 고객의 심리를 먼저 파악해야 해요. 이런 원리를 활용한 뉴로 마케팅이 무엇인지 함께 알아볼까요?

뉴로 마케팅(neuro marketing)은 뇌 속에서 정보를 전달하는 신경인 뉴런과 마케팅을 결합한 용어로, 소비자의 뇌 반응을 측정함으로써 소비자 심리나 소비 행동을 파악하고 이를 마케팅에 응용하는 것이에요. 다시 말해 소비자에게 제품이나 광고, 브랜드를 보거나 듣게 한 후, 뇌 분석 기술을 이용해 뇌세포가 활성화되는 모습을 측정하여 소비자 심리나 행동을 분석해 내는 기법이에요.

대표적인 예로 코카콜라를 들 수 있어요. 미국 마케팅 학자들과 뇌 과학자들은 기능성 자기공명영상장치를 이용해 콜라를 마시는 소비자들의 뇌 반응을 연구했어요. 연구팀은 먼저 블라인드 테스트를 통해 실험자들에게 코카콜라의 콜라와 펩시의 콜라를 마시게 했어요. 각각 어떤 브랜드인지 모르는 상태에서 콜라의 달콤한 맛을 본 실험자들의 전두엽이 활성화되었죠. 그런데 브랜드를 알려주며 콜라를 제공하자, 코카콜라를 마실 때는 전두엽 외에도 정서 및 기억을 담당하는 전전두엽과 해마 영역이 활성화되었지만, 펩시의 경우는 그렇지 않았어요. 실험자의 뇌가 코카콜라 브랜드를 인식할 때 펩시보다 더 강하게 반응한 것이에요. 이 결과는 브랜드가 뇌에 영향을 주고 그 제품에 대해 다르게 인식하게 만든다는 것을 보여줘요.

이처럼 뇌 연구에서 도출한 심리학적 결과를 바탕으로 고객의 구매 태도를 연구하고 이를 기업의 마케팅 활동에 적극 적용하는 뉴로 마케팅이 부상하고 있어요.

우리에겐 생소한 마케팅 기법이지만 세계적인 경제지 《포춘》은 뉴로 마케팅을 미래 10대 기술로 선정했고, 《뉴욕타임스》, 《뉴스위크》 등도 다양한 산업에서 뉴로 마케팅이 활용되고 있다고 소개했답니다.

뉴로 마케팅을 활용하는 대표적 기업으로는 아모레퍼시픽, 피엔지, 유니레버, 로레알, 캘로그, 나이키, 루이뷔통모에헤네시(LVMH), HP, 기아 등이 있어요. 우리나라에서는 기아자동차가 기능성 자기공명영상장치를 활용해 소비자들이 가장 선호하는 알파벳과 숫자를 조합하여 신제품 이름을 K7으로 정하기도 했어요.

4차 산업 혁명 시대의 주인공이 될 거야!

그게 정말이야?!
컴퓨터 공부를
해 보겠다고?

네, 컴퓨터에 대해서 알아야
미래의 발전된 모습을 꿈꿀 수
있을 것 같아요.

맞아,
잘 생각했어.

엄마도 우빈이가 컴퓨터 공부를
열심히 해서 지금은 상상하지
못하는 것들을 연구하고
개발할 수 있었으면 좋겠어.

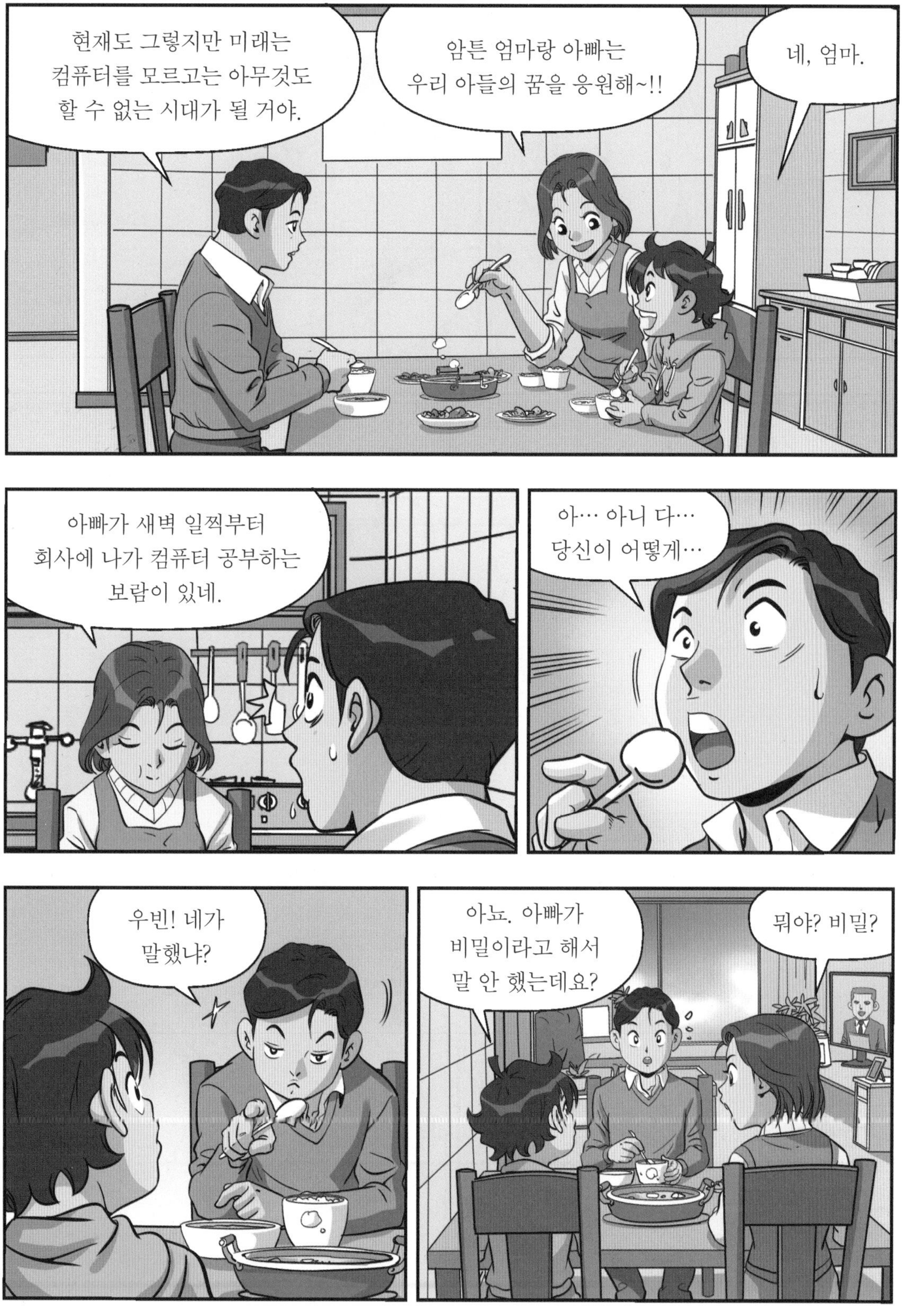

현재도 그렇지만 미래는
컴퓨터를 모르고는 아무것도
할 수 없는 시대가 될 거야.
암튼 엄마랑 아빠는
우리 아들의 꿈을 응원해~!!
네, 엄마.
아빠가 새벽 일찍부터
회사에 나가 컴퓨터 공부하는
보람이 있네.
아… 아니 다…
당신이 어떻게…
우빈! 네가
말했냐?
아뇨. 아빠가
비밀이라고 해서
말 안 했는데요?
뭐야? 비밀?

뭐 대단한 거라고 부자지간에 비밀 조약까지 맺었단 말이에요?

김대리

김대리가 알려줬군. 내가 당분간은 아무한테도 말하지 말랬는데.

소프트웨어 융합 클러스터 2.0 사업이…

내가 좋아하는 뉴스 앵커네. 정말 멋진 것 같아.

안 그러니, 우빈아?

엄마는 참, 아빠가 더 멋있어요.

아빠가 멋졌어? 언제? 어떻게 멋졌는데?

아까 공원에서 엄~~청 멋있었어요.

융합이란 말이지…

아빠, 융합소프트웨어에 대해 엄마에게도 알려주세요.

어서요, 아빠!

알았다. 알았어.

그럼 이왕 하는 거 제대로 해야지. 잠깐만 기다려.

어머나, 저런 게 언제 우리집에 있었지?

짜잔

지금부터 소프트웨어 융합 클러스터 2.0 사업을 설명해 드리겠습니다.

소프트웨어 융합 클러스터 2.0사업은

지역별 특화 산업의 특성과 기업, 산업 환경 등을 고려해 지역 핵심 산업에 데이터 산업, 인공지능, 블록체인 등을 접목한 융합소프트웨어 생태계를 조성하는 사업입니다. 정부가 4차 산업 혁명 시대 정책으로 전국의 9개 지역을 선정하여 600억 이상의 예산을 투자하고 있는 사업입니다.

소프트웨어 융합 클러스트 2.0 사업 계획

보셨죠, 엄마? 아빠가 앵커보다 훨씬 멋있죠?

다… 당신!

소프트 웨 융합 클러 사업

SW 융합 클러스터 2.0 사업

과학기술정보통신부는 지역 핵심 산업의 성장 동력 확보와 4차 산업 혁명 대응을 위해 지역 내 특화 산업과 연계한 'SW 융합 클러스터 2.0 사업' 지원 대상에 경북, 전북, 강원, 충북 등 4개 광역자치단체를 추가 확정했습니다.

SW 융합 클러스터 2.0 사업은 2019년 부산, 인천, 충남, 울산, 경남 등 5개를 선정했으며, 경북(미래형 모빌리티), 전북(스마트 농·생명), 강원(지능형 관광), 충북(지능형 반도체) 등을 추가하여 이 지역에는 2020년부터 2024년까지 5년 간 총 646억 원(국비 308억 원, 지방비 338억 원)이 지원될 계획입니다.

경상북도의 플랫폼 사업화는
자율주행, 전기, 수소 등 미래차 전환시대를
맞이해 미래형 모빌리티 서비스 상용화
플랫폼을 구축하여 지역 맞춤형 일자리를
창출할 계획이고,

경상북도

강원도는 관광테크를 특화 산업으로
지정하고, 지능형 관광 생태계를
구축해 나갈 계획입니다.

강원도

그리고 충청북도는 4차 산업 혁명을 선도하는
차세대 지능형 반도체 소프트웨어 융합 플랫폼을
구축해 관련 기업과 산업의 경쟁력을 강화하는
제품과 제조 혁신 서비스를 발굴할
계획입니다.

충청북도

이렇게 전국이 융합소프트웨어 산업으로
바뀌며 개발 중이랍니다. 한마디로
세상이 완전히 바뀌는 거라고 해도
과언이 아닙니다.

우리나라 전체가
4차 산업 혁명으로 엄청나게
빠른 속도로 변화하고 있다니
정말 놀라워요.

저도 이젠 변화하는
세상에 맞는 새로운 꿈을
가져야겠어요!

다음 날

우빈이 왔구나?

안녕하세요?

나랑 바둑 두러 온 거니? 어젠 내가 아깝게 졌으니…

강민호? 저 녀석이 여길…?

우빈아?

차우빈?

그러고 보니 다들 같은 반 친구들이네.

네, 맞아요.

잘 됐다. 난 잠깐 일 좀 보고 올 테니까 궁금한 게 있으면 민호한테 물어보렴.

민호는 여기 연구소에 와서 공부한 지 벌써 1년이 넘었거든.

원시인은 저한테 맡기고 다녀오세요.

윽, 저 자식이!

민호야. 너 그동안 뭐 공부했어? 우리한테도 좀 알려줄래?

난 코딩 전문가가 꿈이야. 그래서 코딩 공부했어.

코딩?

코딩… 그게 뭐냐?

너 같이 바둑돌만 아는 원시인에게 코딩을 설명하려니 대략 난감하군.

이 자식이 또 시비거네!

너희 왜 그래?

이 자식이 자꾸 원시인 원시인 하잖아!

민혁아~ 이리 와.

앙~ 형아.

저 앤 누구야?

민호 동생이래. 귀엽지?

민혁아, 책을 요기 이렇게 생긴 삼촌한테 갖다주고, 그 다음엔… 그리고… 그 담엔…. 알았지?

알았쪄. 형아.

조심해서 갔다 와.

봤지? 이게 바로 코딩이야.

…?

내가 지금 민혁이한테 심부름을 시키기 위해 민혁이가 이해할 수 있는 그림 언어로 메모지에 쓴 것처럼

코딩이란 컴퓨터나 기계를 작동시키기 위해 컴퓨터 언어로 입력해서 전달하는 것을 말하는 거야.

한마디로 컴퓨터 언어로 계획표를 짜 주는 거라고 할 수 있지.

아, 그렇구나. 그렇게 설명해주니까 금방 이해가 되는 걸.

그럼 코딩은 어디에 사용하는 건데?

코딩은 인공지능, 사물인터넷, 지능형 로봇, 빅데이터 분석 및 활용 등 4차 산업 혁명 시대 모든 주요 산업 분야에서 쓰이는 핵심 기술이야.

빅데이터 분석기술

고객 데이터 관계 분석

SNS 비정형 데이터 분석

대용량 멀티미디어 분석

M2M 센서정보 분석

코딩(Coding)

알고리즘을 컴퓨터가 이해할 수 있는 언어로 바꾸어 컴퓨터에 입력하는 작업입니다. 주어진 명령을 컴퓨터가 이해할 수 있는 언어로 입력하는 것을 말합니다.
작업의 흐름에 따라 프로그램 언어로 명령문을 써서 프로그램을 작성하는 일, 프로그램의 코드를 작성하는 일을 지칭합니다.

그럼 코딩없이는 아무것도 못하겠구나?

그렇지. 코딩이 기본이 되어야 프로그램을 만들 수 있어.

그래서 코딩 전문가가 중요한 거지.

코딩 전문가는 문제해결 능력이 뛰어나야 해. 그럴려면 무엇보다 논리적으로 생각해야 해. 그리고 프로그램 언어, 즉 C언어, 자바, 파이썬 등을 자유롭게 사용할 줄 알아야 해. 여기에 개발 툴 사용 능력을 키워야 하는데, 소프트웨어 개발에 필요한 도구를 사용하기 위해선 창의적인 사고도 필요하지.

강민호 너 완전 전문가가 다 됐구나! 학교에선 전혀 몰랐는데.

뭘, 이 정도 가지고.

형아~ 심부름 다 했쪄.

잘했어. 귀염둥이. 역시 형아 닮아서 똑똑해.

자, 차우빈. 이건 네 꺼다.

와~ 원시인 형아다~

사실 난 차우빈 네가 부러웠어.

…?

IT분야의 기술은 모두 논리적이고 창의적인 사고가 필요해.

우빈이 넌 바둑을 두며 순간적 문제 해결 능력과 창의력, 그리고 논리적 사고까지 모두 갖추고 있잖아.

그런 면에서 네가 컴퓨터를 배우면 금방 배우고 남보다 앞선 기술을 갖게 될 거라 생각해.

그런 네가 부러워서 일부러 너한테 심통부린 거였어.

아… 그랬구나. 우빈이 넌 좋겠다. 부러워하는 친구도 있고.

친구의 기분을 좋게 해주는 능력은 민호 네가 훨씬 뛰어난 것 같은데.

앞으로 코딩에 대해서도 많이 알려줬으면 좋겠다. 민호야.

그래, 얼마든지.

요즘 우리 연구소에 미래를 이끌어 갈 꿈나무들이 매일 찾아오니 너무 좋은 걸.

요런 귀여운 꼬맹이까지 말이야.

BCI 박소장 연구실

아빠, 힘들면 쉬었다 하세요.

괜찮아, 수정아. 이젠 뛰고 싶은 생각이 들 정도로 하나도 힘들지 않아.

그동안에는 AI에 대한 부정적인 생각이 많았어요.

그런데 지금은 아니에요. 이제는 열심히 배워서 4차 산업 혁명 시대의 주인공이 되고 싶어요.

그래. 잘 생각했다.

바둑을 둘 때 상대편이 누구냐에 따라 바둑 전법이 달라지듯이 다가올 세상이 어떤 시대냐에 따라 꿈과 희망도 달라져야지.

수정이도 꿈이 생겼다며? 아빠한테 말씀드렸어?

아까 말하더군요. 감성인식기술 전문가가 되고 싶다고요.

네, 맞아요. 저는 감성인식기술 전문가가 되어서 어려운 사람들에게 힘이 되는 일을 하고 싶어요.

녀석들, 기특하구나.

그럼 이제 바둑 친구 우빈도 공부하느라 여기 자주 못 오겠구나?

아뇨, 더 자주 와서 바둑 둘 거예요. 바둑은 이기려고 두는 것이 아니니까요.

하지만 난 우빈이에게 지난 5년 동안 250패하고 겨우 3승밖에 하지 못했으니 바둑을 그만둬야 할 것 같구나.

거짓말! 소장님은 마음속으로 좋아하고 있다!

흠! 또 들켰군.

좋아! 제노, 그럼 오늘 우빈이와 바둑 대결은 누가 이길 거라고 생각하지?

소장님이 확률 100%…!

응? 내가 이길 거라고?

소장님이 100% 패한다! 차우빈 승리 확률 1000%!

제노, 차우빈과 오수정의 꿈이 이루어질 확률은 몇 프로지?

차우빈! 오수정! 미래의 꿈 성공 확률 100%!

소장님 바둑 대결 4승 확률 0.00083%!!

137

융합소프트웨어의 활용 분야

융합소프트웨어는 다양한 분야에서 활용되어 우리 삶을 보다 더 편리하게 만들어주고 있어요. 소프트웨어가 어떤 분야에서 어떻게 융합되어 활용되고 있는지 알아볼까요?

● 교육

교육과 정보통신기술(ICT)을 합친 '에듀테크(Edutech)'가 주목받고 있어요. 에듀테크를 활용한 교육은 다양해요. 우선 비대면 온라인 학습이 있어요. 우리나라는 교육전문 공영방송인 EBS를 통해 뉴미디어를 활용한 플랫폼을 구축하고 e-러닝에 투자하며, 전 연령층을 대상으로 온라인 교육 콘텐츠를 제공하고 있어요. 그리고 인공지능의 분석을 토대로 개인맞춤형 교육 콘텐츠를 제공하는 기능도 있답니다. 더불어 가상현실과 증강현실 기술을 이용하여 생동감 넘치는 교육을 받을 수 있어요. 역사나 문화 콘텐츠를 단순히 책으로 배우는 것이 아니라, 가상현실 기기를 통해 직접 보고 만지며 체험하는 경험형 콘텐츠로 배울 수 있게 되었어요.

● 패션

입는 옷, 장신구 등에 ICT를 더해 편리성을 높인 것이 '웨어러블 패션'이에요. 단순히 시간을 확인하는 시계가 아니라 음악, 전화, 심박수 체크 등 다양한 기능이 더해진 스마트워치가 대표적인 예지요. 웨어러블 패션은 스포츠, 의학, 군사 등 여러 산업 전반에 걸쳐 발전하고 있어요. 로가디스의 스마트수트 2.0은 무선통신 모듈인 NFC 전자태그를 자켓에 내장하여 각종 IT 기능을 이용할 수 있도록 했어요. 스마트폰 전용 주머니를 이용하면 휴대폰을 넣고 뺄 때마다 자동으로 화면 잠금이 해제되거나 무음으로 변환되거나 전화 수신이 차단되기도 해요.

● 해운

사람이 조종하지 않아도 스스로 움직이는 '자율운항 선박'이 개발되었어요. 자율운항 선박은 무인수상정 혹은 스마트 선박이라고도 불립니다. 스마트 선박은 기존의 선박보다 선박 관리에 필요한 자원과 인력을 줄일 수 있어요. 사람이 타지 않는 공간에 짐이나 연료를 더 실을 수 있고, 선박 설계단계부터 사람의 편의보다는 항해에 최적화된 형태로 제작하여 선박의 전반적인 성능을 높였기 때문이에요. 이를 통해 약 20% 연료를 절감할 수 있으며 친환경 운행도 가능해요. 또 안전성도 확보할 수 있어요.

● 국방

국방부는 4차 산업 혁명 스마트국방혁신의 일환으로 인공지능 IoT 등 신기술을 국방에 적용한 '스마트 부대'를 선보였어요. 스마트 부대는 모든 부대 현황과 작전상황을 실시간으로 파악하고, 경계감시, 병력관리, 군수시설 관제, 차량 관리 등 부대 운영에 있어 투명성, 효율성, 합리성을 크게 발전시켰어요. 스마트 부대를 통해 병력, 차량, 중요시설, 무기탄약 등 부대 자원 현황을 실시간으로 관제할 수 있고, 지능형 센서 및 드론을 활용하여 부대 내·외부를 경계하고 감시할 수 있어요. 국방에 ICT를 활용하면 사람이 할 위험한 임무를 대신 수행하기 때문에 인명피해를 줄일 수 있어요.

나는 **융합소프트웨어** 전문가가 될 거야!

초판 1쇄 발행 · 2020년 9월 25일
초판 3쇄 발행 · 2021년 9월 10일

지은이 · 동방광석
그린이 · 동방광석
펴낸이 · 이종문(李從聞)
펴낸곳 · 국일아이

등   록 · 제406-2008-000032호
주   소 · 경기도 파주시 광인사길 121 파주출판문화정보산업단지(문발동)
영업부 · Tel 031)955-6050 | Fax 031)955-6051
편집부 · Tel 031)955-6070 | Fax 031)955-6071

평생전화번호 · 0502-237-9101~3

홈페이지 · www.ekugil.com
블 로 그 · blog.naver.com/kugilmedia
페이스북 · www.facebook.com/kugilmedia
E-mail · kugil@ekugil.com

ISBN 979-11-87007-73-9(14300)
      979-11-87007-97-5(세트)

워크북

Job?

나는 융합소프트웨어
전문가가 될 거야!

국일아이

목차

2

워크북 활용법

직업 탐험　각 기관의 대표 직업(네 가지)이 하는 일, 필요한 지식, 자질 등에 관한 정보뿐만 아니라 관련 직업에 관한 정보를 얻어요.

직업 놀이터　다른 그림 찾기, 숨은그림찾기, 미로 찾기, 색칠하기, ○X 퀴즈 등 재미있는 놀이 요소를 통해 직업 상식을 알아봐요.

직업 톡톡　직업 윤리나 직업과 관련한 이야기로 자신의 생각을 표현하며 직업을 간접 체험해요.

NCS
(국가직무능력표준)

국가직무능력표준(NCS, National Competency Standards)이란 국가가 현장에서 직무를 수행하는 데 필요한 지식, 기술, 태도 등을 산업별, 수준별로 표준화한 것을 말한다. 대분류 24개, 중분류 79개, 소분류 253개, 세분류 1,001개로 표준화되었으며 계속 계발 중이므로 더 추가될 예정이다.

국가직무능력표준(NCS)에 따른 24개 분야의 직업군

01 사업 관리

02 경영·회계 사무

03 금융·보험

04 교육·자연 사회 과학

05 법률·경찰 소방·교도·국방

06 보건·의료

07 사회 복지·종교

08 문화·예술 디자인·방송

09 운전·운송

10 영업·판매

11 경비·청소

12 이용·숙박·여행 오락·스포츠

13 음식 서비스

14 건설

15 기계

16 재료

17 화학

18 섬유·의류

19 전기·전자

20 정보 통신

21 식품 가공

22 인쇄·목재 가구·공예

23 환경·에너지·안전

24 농림·어업

등장인물의 특징 알아보기

《job? 나는 융합소프트웨어 전문가가 될 거야!》에는 차우빈, 오수정, 박웅진 소장, 박태리, 제노 등이 등장한다. 각 인물을 떠올리며 빈칸을 채워보자.

인물	특징
차우빈	13세 남자아이로 _____이다. AI를 비롯해 컴퓨터와 관련된 모든 것을 지구상에서 없어져야 할 대상이라 생각했지만 융합소프트웨어 덕분에 잃어버린 할머니를 찾고, 수정이 아빠가 다시 걷게 되는 것을 보고 자신의 생각이 잘못되었음을 깨닫는다.
오수정	우빈이와 같은 반 친구인 13세 여자아이이다. 화재 현장에서 구조 활동을 하던 중 다쳐서 하반신 마비가 된 아빠를 간호하느라 웃음이 사라진지 오래다. 박소장의 BCI 기술로 기적처럼 다시 걷게 된 아빠를 보면서 융합소프트웨어에 관심을 갖고 공부하게 된다.
박웅진 소장	바둑이 취미지만 5년간 바둑 친구 우빈이와의 대결에서 250패 3승으로 실력은 좋지 않다. _____로 BCI를 활용하여 바둑인들에게 특별한 뇌파 성향이 있음을 연구하고 있다.
박태리	박소장의 아들로 국가융합연구소에서 일하는 _____다. 별명은 밧데리로 우빈이가 인공지능에 대한 거부감을 없애고 융합소프트웨어와 인공지능에 관심을 갖도록 도와준다.
제노	인공지능 _____이다. 사람 얼굴의 미세한 변화를 감지하여 _____을 읽어 내고, 축적된 빅데이터를 분석하여 그 사람의 다음 행동까지 예측하는 미래형 로봇이다.

궁금해요, 융합소프트웨어

교육부는 2020년 모든 초등학교와 중학교에 소프트웨어 교육을 의무화하고 AI 교육으로 전환할 계획이라고 밝혔다. 우리 생활과 산업의 모든 분야에서 융합소프트웨어의 기술 수요가 높아지고 있기 때문이다. 다음은 융합소프트웨어에 대한 설명이다. 바르게 설명한 것을 찾아 색칠해 보자. (정답은 네 개)

1 우리의 생활을 편리하게 하는 각각의 소프트웨어를 합하여 새롭게 프로그래밍화하는 것이다.

2 에너지, 가전기기, 전기 자동차, 의료, 국방, 교육 등 다양한 분야에서 활용되고 있다.

3 한 지역의 특화 산업에 활용되어 지역 경제가 활성화하는데 도움을 준다.

4 앞으로 융합소프트웨어 기술과 산업이 발달하면서 점점 더 편리한 세상이 될 것이다.

5

뇌-컴퓨터 인터페이스에 대해 알아보자

뇌-컴퓨터 인터페이스(BCI)는 뇌파를 이용해 컴퓨터를 사용할 수 있는 인터페이스를 의미한다. 우리 미래를 바꿀 뇌-컴퓨터 인터페이스에 대해 바르게 말한 친구는 누구일까? (정답은 세 개)

윤서
터치나 음성 명령 없이
생각만으로 컴퓨터나 기기를
조작할 수 있는 기술이야.

미호
두뇌에서 생각하고 결정한 특정 뇌파를
시스템의 센서로 전달하면 컴퓨터에서
해당 명령을 실행하게 돼.

주성
옷처럼 입을 수 있는 기기나 안경,
시계처럼 몸에 착용하여 사용하는
전자 장치를 말해.

자윤
장애로 신체를
자유롭게 움직이지 못하는
사람에게 큰 도움이 돼.

뇌-컴퓨터 인터페이스 전문가는 무슨 일을 할까?

뇌-컴퓨터 인터페이스 전문가는 뇌 신호를 실시간으로 감지하고 해석하여 사용자가 생각만으로도 외부와 대화하거나 기기를 원격 제어할 수 있는 도구를 개발한다. 뇌-컴퓨터 인터페이스 전문가가 하는 일을 잘못 설명한 것을 찾아보자.

1 시선의 움직임을 추적하여 그 사람의 생각을 파악한다.

2 실험 대상자에게 뇌파 측정 장치를 설치하고 실험을 하여 뇌파를 수집한다.

3 의미 있는 뇌파의 특징을 추출하고 실험 대상자의 의도나 감정 등을 분류한다.

4 개발된 알고리즘을 실제 외부 기기 제어에 적용하고 문제점을 파악한다.

5 뇌파로 조작할 수 있는 CD 플레이어, 휠체어, 로봇 팔 등을 연구하고 개발한다.

아이트래킹 프로그래머는 무슨 일을 할까?

우리가 받아들이는 정보의 80% 이상을 취득하는 신체 기관은 눈이다. 시선의 위치와 움직임을 추적하는 아이트래킹 기술을 프로그래밍하는 아이트래킹 프로그래머가 하는 일을 바르게 설명한 친구를 찾아보자. (정답은 세 개)

지우   시선의 방향과 움직임을 추적하여 그 사람이
어떻게 생각하고 행동할지 파악해.

컴퓨터와 로봇이 사람의 감정을 인지해
상황에 맞는 서비스를 제공하도록 만드는 기술을 연구해.   태호

민아   아이트래킹 기술이 스마트폰, PC, AR, VR 등
다양한 기기에 활용 가능하도록 응용 소프트웨어를 개발해.

아이트래킹 기술이 활용되는 분야에서 쓰이는
컴퓨터 프로그램을 코딩해.   준영

아이트래킹 프로그래밍 순서를 알아보자

아이트래킹은 사람이 보는 시선의 위치 또는 움직임을 추적하는 기술이다. 아이트래킹 프로그래밍의 순서를 〈보기〉에서 찾아 배열해 보자.

(①) → (　　) → (　　) → (　　) → (④)

감성인식기술 전문가에 대해 알아보자

감성인식기술 전문가는 인간의 감성을 인지하여 감성 맞춤형 제품과 서비스를 제공하는 일을 한다.
감성인식기술 전문가에 대한 설명을 읽고 맞으면 O, 틀리면 X로 표시해 보자.

1 사람의 여러 감정을 컴퓨터가 인지할 수 있는 유무선 센서 기술을 개발한다.

2 IT와 소프트웨어 뿐만 아니라 인문, 철학, 예술에 대해서도 공부해야 한다.

3 기쁨, 분노, 슬픔, 즐거움 등의 다양한 감정을 이해하고 공감할 줄 알아야 한다.

4 감성 신호의 피드백에 따라 상황에 맞는 서비스를 제공하는 기술을 개발한다.

기술과 감성을 결합한 감성인식기술은 인간의 감정을 인지하여 감성과 상황에 맞게 정보를 처리하는 것을 의미한다. 감성인식기술이 활용되고 있는 분야를 〈보기〉에서 찾아 빈칸에 적어 보자.

❶ _____

적외선 카메라를 설치하여 영화 속 장면에 따른 관객의 감정과 반응을 파악한다.

❷ _____

의도한 대로 소비자의 감정을 불러일으켰는지, 광고에 대한 감정이 실제 판매로 이어지는지 파악한다.

❸ _____

음성 분석을 통해 발신자의 감정을 파악하고, 통화를 긍정적인 방향으로 이끌도록 적절하게 대응하는 방법을 연구한다.

❹ _____

운전자의 심박수 등 생체정보를 수집하여 맞춤형 안전 지침을 제공하고 교육 프로그램을 지원한다.

보기

운송, 광고, 영화, 콜센터

융합소프트웨어 개발자에 대해 알아보자

다음은 융합소프트웨어 개발자에 대한 설명이다. 바르지 않은 것을 찾아보자.

1
여러 분야에 응용할 수 있는
컴퓨터 소프트웨어를
설계하고 개발한다.

2
해커의 해킹으로부터
인터넷 및 컴퓨터의 보안을
유지하기 위한 프로그램을 개발한다.

3
소프트웨어 개발 시
전체적인 개발 계획과
자원 마련 방안을 계획한다.

4
각각의 소프트웨어를
융합하여 새로운
소프트웨어를 만든다.

융합소프트웨어 개발자에게 필요한 능력은?

융합소프트웨어 개발자가 되기 위해 갖추어야 할 자질과 능력에 관한 문제를 풀고 정답을 따라 미로를 빠져나가 보자.

① 스스로 다양한 자료들을 찾아 연구하고 끊임없이 도전해야 한다.　○ ✕

② 사람에게 도움을 주고 행복하게 해주는 소프트웨어를 개발해야 한다.　○ ✕

③ 기본적인 프로그램 언어에 대한 이해가 필요하다.　○ ✕

④ IT 용어와 IT에 관한 전반적인 공부를 해야 한다.　○ ✕

⑤ 다른 사람의 의견보다는 내가 계획한 것에만 몰두해야 한다.　○ ✕

누구일까?

두 형제의 아빠는 융합소프트웨어 전문가다. 아빠가 하는 일을 설명하는 형제의 말을 듣고 아빠의 직업이 무엇인지 〈보기〉에서 찾아 보자.

스마트 기기를 활용해서 비닐하우스의 환경을 조절하는 스마트 팜을 개발하고 설치하는 일을 해.

농민들이 스마트 기술 등으로 비닐하우스의 환경과 재배 작물의 상황을 살펴볼 수 있도록 자문하는 역할을 해.

보기

스마트 팜 구축가, 아이트래킹 프로그래머, 농수산물 전문가

융합소프트웨어 전문가를 찾아라

융합소프트웨어가 발전하면서 이와 관련된 새로운 직업이 생겨나고 있다. 융합소프트웨어와 관련된 직업과 하는 일을 알맞게 연결해 보자.

1 3D 영상을 손으로 느낄 수 있도록 컴퓨터 그래픽 모델에 질감을 표현하는 기술을 개발한다.

2 입는 옷에 정보통신기술이 활용되도록 소재를 연구하고 개발한다.

3 스마트 도로를 설계하고 시공한다. 신호를 설치하는 현장 전문가와 함께 교통체계를 만든다.

4 최첨단 의료기기 작동에 필요한 소프트웨어를 기획하고 개발하며, 제품의 인허가를 위한 자료를 작성한다.

의료기기 소프트웨어 엔지니어

스마트카 교통체계 관리자

3D질감 전문가

스마트의류 개발자

융합소프트웨어 전문가가 가져야 할 마음가짐

융합소프트웨어 전문가에게 필요한 마음가짐과 자세를 찾아 톱니바퀴를 예쁘게 색칠해 보자. 그리고 빈칸에 자신이 생각한 마음가짐을 적어 보자. (정답은 다섯 개)

나도 융합소프트웨어 전문가가 될 수 있을까?

융합소프트웨어 전문가는 나의 소질과 적성에 맞을까? 아래의 질문에 답하며 나의 소질과 적성을 확인한 후 융합소프트웨어 전문가가 될 수 있을지 알아보자.

그렇다-5점, 보통이다-3점, 아니다-1점	

1. 사람과 컴퓨터에 대한 흥미가 있다.	( )
2. 한 가지에 잘 몰입한다.	( )
3. 신체가 불편한 사람을 돕는 도구를 만들고 싶다.	( )
4. 정확하게 파악하는 것을 좋아한다.	( )
5. 트렌드와 기술 변화에 관심이 많다.	( )
6. 창의력이 뛰어나다.	( )
7. 새로운 것에 도전하는 것이 두렵지 않다.	( )
8. 컴퓨터 공학, 소프트웨어에 대한 공부를 좋아한다.	( )
9. 다른 사람과 원활하게 소통할 수 있다.	( )
10. 앞으로 발전할 새로운 세상을 자주 상상한다.	( )
합계:	( )

40점 이상	융합소프트웨어 전문가가 적성에 딱 맞아요!
30점 이상	융합소프트웨어 전문가가 되기 위한 자질이 있어요!
20점 이상	융합소프트웨어 전문가가 되고 싶다면 미래를 위해 조금 더 노력해 보세요!
19점 이하	지금은 융합소프트웨어 전문가로 일할 소질이나 적성이 부족해요. 먼저 융합소프트웨어에 관심을 가져 보세요!

소프트웨어 융합 클러스터 2.0

소프트웨어 융합 클러스트 2.0은 일반 산업에 컴퓨터 소프트웨어가 융합되어 활용될 수 있도록 과학기술정보통신부가 만든 사업이다. 다음 설명을 읽고 사업 지원 대상인 네 개 광역자치단체들은 각각 어디인지 〈보기〉에서 찾아 빈칸에 적어 보자.

❶

자율주행차, 전기 자동차, 수소 자동차 등 미래형 자동차 서비스 상용화 플랫폼을 구축하고, 관련 산업(모바일, 소재, 에너지 등) 간의 지역 맞춤형 일자리를 창출할 계획이다.

❷

농·생명산업에 DNA를 접목하여 빅데이터 기반의 스마트팜 소프트웨어 융합 서비스 플랫폼을 구축하고, 농산물과 생명산업의 디지털 전환을 촉구할 계획이다.

❸

관광테크를 특화 산업으로 지정하고, 관광 산업에 소프트웨어와 ICT를 접목하고 육성할 계획이다.

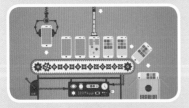

❹

지능형 반도체 기반의 소프트웨어 융합 제품과 제조 혁신 서비스를 발굴할 계획이다.

보기

충청북도, 전라북도, 경상북도, 강원도

18

융합소프트웨어의 활용 분야

소프트웨어 기술은 다양한 산업 분야에 활용될 것이다. 다음 중 소프트웨어를 융합할 수 있는 분야로 바른 것을 찾아 색칠해 보자. (정답은 다섯 개)

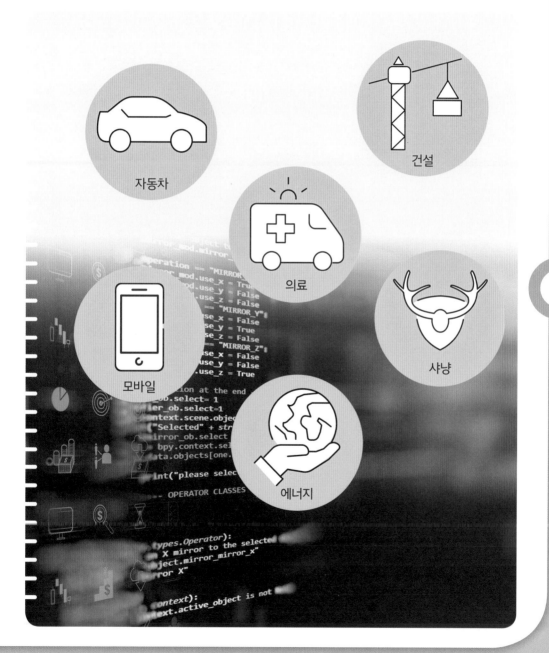

자동차

건설

의료

모바일

샤냥

에너지

내가 경험한 융합소프트웨어

친구들이 우리 생활 속에서 경험한 융합소프트웨어 사례에 대해 말하고 있다. 융합소프트웨어의 활용에 대한 것이 아닌 것을 말한 친구는 누구일까?

웨어러블 컴퓨팅으로 병원을 가지 않아도 건강 상태를 실시간으로 확인할 수 있어.

가상현실을 통해 신석기 시대에 사용하던 토기를 직접 만져 보고 움집에도 들어가 봤어.

양로원에 갔는데 할머니와 할아버지의 말벗이 되어 드리는 휴머노이드 로봇이 있었어.

2층으로 된 버스를 만들어 더 많은 승객을 태우면 대기오염을 줄일 수 있어.

동주

민욱

예은

하나

융합소프트웨어 관련 기술을 알아보자

융합소프트웨어와 관련된 기술이 나날이 발전하고 있다. 〈보기〉 중 융합소프트웨어와 관련된 기술만 있는 알파벳을 찾아 색칠한 후 완성한 그림이 무엇인지 확인해 보자.

보기

H	아이트래킹, BCI, 자율주행
K	낚시, 인터넷, 빅데이터
N	인쇄술, 사냥, 웨어러블 디바이스
X	감성인식, 전기통신, 농사

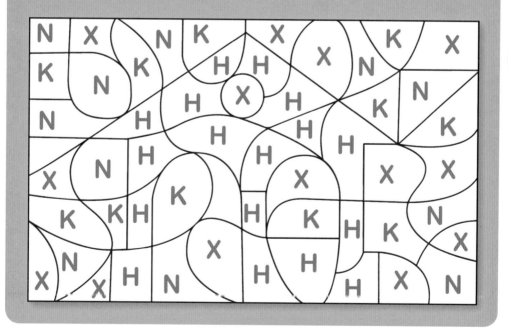

21

완성한 그림:

다른 그림 찾기

다음은 다쳐서 움직일 수 없었던 수정이 아빠가 BCI 기술로 다시 걷게 된 모습이다. 두 그림을 비교해 보고 서로 다른 곳을 찾아보자. (정답은 다섯 개)

내가 융합소프트웨어 전문가라면?

융합소프트웨어는 자동차, 의료, 국방, 건설, 에너지 등 다양한 분야에 활용되고 있다. 내가 융합소프트웨어 전문가라면 어떤 분야에 융합소프트웨어 기술을 활용하여 새로운 것을 만들고 싶은지 적어 보자.

4. 바둑신동, 뇌-컴퓨터 인터페이스(BCI) 전문가, 아이트래킹 프로그래머, 휴머노이드 로봇, 감정

5. ①, ②, ③, ④

6. 윤서, 미호, 자윤

7. ①

8. 지우, 민아, 준영

9. ③ → ② → ⑤

10. ○, ○, ○, ○

11. 영화, 광고, 콜센터, 운송

12. ②

13. ○, ○, ○, ○, ✕

14. 스마트 팜 구축가

15.

16. 도전, 끈기, 성실, 소통, 창의력

18. 경상북도, 전라북도, 강원도, 충청북도

19. 자동차, 건설, 의료, 모바일, 에너지

20. 예은

21. H, 집

22.